山东省教育科学"十三五"规划 2019 年度重点课题
深度融合研究与实践"成果（课题编号：ZZ2019002

高职院校专创深度融合创新实践

常涛　徐晖　李冉◎著

GAOZHI YUANXIAO ZHUANCHUANG SHENDU RONGHE CHUANGXIN SHIJIAN

中国纺织出版社有限公司

内 容 提 要

　　本书以不同类型课程的专创融合改革为例，介绍了高职院校调整专业课程设置，挖掘和充实专业课程的创新创业创造教育资源，促进专业教育与创新创业创造教育有机融合，在传授专业知识过程中加强创新创业创造教育的重要性，以期呈现学院在创新创业创造实践人才培养过程中的模式探索，为相关院校提供经验和借鉴。

　　本书可供高职院校从事教学管理、课程改革、专业建设的老师、管理人员及职业教育研究人员阅读参考。

图书在版编目（CIP）数据

　　高职院校专创深度融合创新实践／常涛，徐晖，李冉著. -- 北京：中国纺织出版社有限公司，2022.6
　　ISBN 978-7-5180-9480-6

　　Ⅰ.①高⋯　Ⅱ.①常⋯ ②徐⋯ ③李⋯　Ⅲ.①高等职业教育—创造教育—研究　Ⅳ.①G717.38

　　中国版本图书馆 CIP 数据核字（2022）第 059424 号

责任编辑：孔会云　　特约编辑：王蕙莹　　责任校对：王花妮
责任印制：何　建

中国纺织出版社有限公司出版发行
地址：北京市朝阳区百子湾东里 A407 号楼　邮政编码：100124
销售电话：010—67004422　传真：010—87155801
http://www.c-textilep.com
中国纺织出版社天猫旗舰店
官方微博 http://weibo.com/2119887771
唐山玺诚印务有限公司印刷　各地新华书店经销
2022 年 6 月第 1 版第 1 次印刷
开本：710×1000　1/16　印张：13.25
字数：211 千字　定价：88.00 元

凡购本书，如有缺页、倒页、脱页，由本社图书营销中心调换

前　　言

本书是在"促进专业教育与创新创业教育有机融合，调整专业课程设置，挖掘和充实各类专业课程的创新创业教育资源，在传授专业知识过程中加强创新创业教育(国务院办公厅《关于深化高等学校创新创业教育改革的实施意见》)"的背景下，积极响应习近平总书记2019年3月在全国两会期间参加福建代表团审议时强调的"要营造有利于创新创业创造的良好发展环境。要向改革开放要动力，最大限度释放全社会创新创业创造动能，不断增强我国在世界大变局中的影响力、竞争力"。济南工程职业技术学院被评为全国创新创业典型经验高校，本书结合近年来济南工程职业技术学院的专创融合实践，总结编写而成，内容充分体现了"专业教育与创新创业教育有机融合"的教育发展理念。

本书立足创新驱动发展战略，探索解决高职院校专业设置中融入创新创业创造教育的改革难题，创新实践了"全域联动，内融外协，全程帮扶"的创新创业教育模式，即以实现创新创业教育与地方经济发展的耦合为取向，充分利用地方的天赋性资源，实施资源全域整合、要素全域配套、过程全域管理、文化全域浸润、帮扶全域覆盖的"全域"教育，构建面向地方的创新创业教育共同体，实现创新创业创造教育与专业教育的深度融合。

本书从"三创"入手，详细梳理了专创融合的理论体系，在剖析创新创业创造教育与专业教育融合现状的基础上，创新提出并实践了创新创业创造教育与专业教育深度融合的济南工程职业技术学院模式，探索研究专创融合的教改理念、实践路径，并针对基础课、专业群平台课、专业课进行了教改实践，成果得到了创新创业专家的认可。书中的内容将为解决高职院校规模扩大和内涵发展之间的矛盾提供解决思路，为高职院校走创新创业创造教育与专业教育相融合的新型发展路线提供有益的借鉴，为在教育领域内推进"创新驱动发展"战略提供理论支持。

全书共分六章：何谓专创融合；专创融合的理论基础；创新创业创造教育与专业教育融合的现状分析；创新创业创造教育与专业教育深度融合的济南工程职业技术学院模式；专创融合的教改实践与探索；高职院校创新创业创造教育与专业教

育融合的优化策略。

　　本书为山东省教育科学"十三五"规划 2019 年度重点课题"基于三创的高职院校专创深度融合研究与实践"（课题编号：ZZ2019002）的研究成果。

　　由于条件和水平有限，书中难免存在错误和不当之处，恳请广大读者对本书提出宝贵的意见和建议，以便修订时加以完善。

常　涛

2021 年 12 月

目　　录

第一章　何谓专创融合

习近平总书记在 2019 年 3 月全国两会期间参加福建代表团审议时强调："要营造有利于创新创业创造的良好发展环境。要向改革开放要动力，最大限度释放全社会创新创业创造动能，不断增强我国在世界大变局中的影响力、竞争力。"

习近平总书记曾多次提到"苟日新，日日新，又日新"，并强调指出"创新始终是一个国家、一个民族发展的重要力量，也始终是推动人类社会进步的重要力量"。党的十八大明确提出：实施创新驱动发展战略，为推动以科技创新为核心的国家发展指明了方向，提高核心竞争力，不断提升自主创新能力。2010 年，教育部《国家中长期教育改革和发展规划纲要（2010—2020 年）》对高等教育提出要求：高校应加强就业创业教育与就业指导服务。2015 年，国务院办公厅《关于深化高等学校创新创业教育改革的实施意见》对高校提出新要求：促进专业教育与创新创业教育有机融合，调整专业课程设置，挖掘和充实各类专业课程的创新创业教育资源，在传授专业知识过程中加强创新创业教育。

一、何谓"三创"

（一）"三创"缘起

党的十八大以来，习近平总书记多次强调创新创业创造的重要性。党的十八届五中全会把创新提到五大发展理念之首。在庆祝改革开放 40 周年大会上，习近平总书记强调：要坚持创新是第一动力、人才是第一资源的理念，实施创新驱动发展战略，完善国家创新体系，加快关键核心技术自主创新，为经济社会发展打造新引擎。在参加福建代表团审议时强调：要坚持问题导向，解放思想，通过全面深化改革开放，给创新创业创造以更好的环境，着力解决影响创新创业创造的突出体制机制问题，营造鼓励创新创业创造的社会氛围。还多次指出：市场活力来自于人，特别是来自于企业家，来自于企业家精神；要激发企业家精神，发挥企业家才能；要保护企业家精神，支持企业家专心创新创业。

"三创"重要论述有其特定内涵，创新侧重理念，创业重在实践，创造强调精神。创新创业创造又融为一体，创造是创新创业的灵魂和动力，创新创业是创造的归属和实践，创新创业创造都是新时代所需要的新面貌和新作为。

一个伟大的民族，总有一种昂扬奋发的精神。在第十三届全国人民代表大会第一次会议上，习近平总书记热情讴歌中华民族的创造精神、奋斗精神、团结精神和梦想精神。

从上述论述可以看出，创新创业创造精神源于中华民族艰苦奋斗、自强不息的精神传统和文化内涵，又是中国梦伟大实践中的民族精神的自我升华。必须站在中华民族伟大精神的高度去认识和把握这一重要论述，让创新创业创造精神变成汇聚实现中国梦的重要精神动力，推动各项事业日新月异发展。[1]

（二）"三创"的必然性

"三创"重要论述是应对国内外复杂形势的战略判断。

（1）创新创业创造是大势所趋，是应对新一轮科技革命和增强国际影响力的必然要求。在科技革命和国际竞争新背景下，唯有掌握创新创业创造的制高点，才能增强在国际竞争中的话语权和影响力。

（2）创新创业创造是高质量发展的必然要求。我国经济总量已跃居世界第二位，但是在有的领域仍有待进一步提升，同时我国人口、资源、环境压力越来越大，要通过以创新创业创造理念为引领，构建新的微观激励约束机制和宏观制度环境，破除高速增长阶段形成的传统老化的思维方式、僵化的行为方式、弱化的发展方式，以思维方式、行为方式和发展方式的"三大转变"，推动经济高质量发展落向实处。

（3）创新创业创造是民族精神所致，基本实现国家现代化的基点在创造，着力点在创新，突破点在创业。其内核是将中华民族伟大创新创业创造精神点燃，为我国经济发展增添新动力、打造新引擎。

（三）对"三创"的理解

（1）全面准确理解"三创"论述的重要内涵。"三创"不是个别领域和某一方面的创新创业创造，而是全面创新创业创造，涉及上层建筑与经济基础、生产关系与生产力的全要素、全系统、全方位的改革创新。"三创"不仅是新技术、新产业、新业态等物质范畴的创新突破，更是涉及伟大民族精神内核的创新重塑，要让创新创业创造在全社会蔚然成风。

（2）深刻领会"三创"论述的马克思主义方法论。实事求是和问题导向是"三创"的出发点，解放思想和全面深化改革开放是实现手段。判断各地"三创"开展情况如何，关键要看是否给创新创业创造以更好的环境，是否着力解决影响创新创业创造的突出体制机制问题，是否营造鼓励创新创业创造的社会氛围，这三个问题是当下推动高质量发展的系统工程。

（3）狠抓落实，推动"三创"蓬勃发展。要始终弘扬创新创业创造精神，推动创新创业创造教育在学校生根发芽，推动创新创业创造成为全社会的主动追求。"功以才成，业由才广"，要面向未来，落实鼓励全社会创新发展的各项政策措施，积极培育一批顶尖科学家、一批创新企业家、一批大国工匠，为实现中华民族伟大复兴的中国梦提供不竭动力。

二、何谓"三创教育"

（一）创新教育

创新教育是以培养适应社会需求的创新型人才为教育目的，以发掘学生的创造潜能为宗旨，在教育活动中融入创新活力，重在培养学生系统地掌握学科知识的同时提高自身的创新能力，着重提升学生的创新精神与解决问题能力，是全方位、全过程的教育活动。

创新教育的重点内容如下：

（1）培养创新精神。在教育活动中，以丰富受教育者的创新理念、创新情感、创新观念、创新态度等为重点，促使受教育者产生强烈的创新求知欲。

（2）培养创新能力。创新能力有创新活动、创新意识和创新思维三个要素。

（3）培养创造能力。通过实践活动，提升受教育者的想象力、联想力、变通力等。

（4）促进个性发展。在尊重受教育者个性差异的基础上，激发受教育者的批判性思维，最大限度地引导受教育者的多元发展。

创新教育是对传统教育进行改革与改良，即在教育观念、教育体制、教学制度、教学内容、教学方法与手段等方面进行创新，创造一种反映新时代精神的新型教育。

（二）创业教育

创业教育的目的是推动更高质量的就业，培养学生掌握创业知识、技能，激发学生的创业意识，进而改变学生原有的就业观念，利用教学内容、教学手段等方面的改革，以及"第二课堂"实践活动的开展，强化学生综合素质，培养出具有创业能力与创新能力的高素质人才的一种教育理念。

创业教育是在创造教育和创新教育的基础上着力培养学生的创业精神、创业技能和创业人格的教育。它鼓励学生在求学过程中或毕业后自主创业，安居乐业，建功立业。

创业教育的重点内容如下：

（1）更新观念。提倡和培养学生自立、自治、自强的精神，脱离父母的依赖，依靠自己掌握的知识和能力，开创属于自己的事业。

（2）勇于实践。敢于在实践中探索，不怕失败，锐意进取，勇于接受挑战，自强不息。

（3）找准定位。指导学生运用所学的知识和能力如何适应社会，找准适合自己的创业定位。

创业教育的有效途径包括：营造创业前的氛围，请创业成功者来校讲创业的历程、艰辛和成功的经历，培养早期的创业意识和欲望；适时举办创业知识竞赛；举办创业培训，开设经营、法律知识、财务知识和销售技巧等讲座，开阔学生的视野，让学生了解创业是门综合知识的体现。

（三）创造教育

创造教育是指根据创造学的基本原理，以培养人的创新意识、创新精神、创造个性、创新能力为目标，有机结合哲学、教育学、心理学、人才学、生理学、未来学、行为科学等有关学科，全面深入地开发学生潜在创造力，培养创造型人才的一种新型教育。

1. 创造教育的任务

通过开展各种创造教学活动，激励创造精神，培养创造能力，塑造创造性的个性素质，点拨创造、创新、创业的机会，开发人人都具有的潜在创造力，造就大批创造性人才，孕育更多更新的原创性成果。

2. 创造教育的重点内容

创造教育在于营造适合产生创意的教学情境，探讨实施创造性教学的有效途径，研究创造性人才的特点，总结培养创造性人才的规律。

（1）潜能的激活。创造发明不只是少数天才的事，人人可以创造，应对个体的人脑潜能进行开发、激活和训练。

（2）兴趣的培养。兴趣的萌发和加深是创造发明的前提，要尊重学生的个性和兴趣的偏执，应指导和鼓励他们向纵深研究和发明。

（3）自信心的培养。一谈创造发明，人们自然就会想到许多诸如哥白尼、爱因斯坦、居里夫人等罕见的世界级巨人，创造发明高不可攀，可望而不可即。其实只要我们做出比前人更新颖、更独特、有新的突破就是发明创造，只要肯动脑筋，人人可以成为发明家。

（4）创造力的培养。在教学计划中应重视和加强对学生创造意识和创造能力的培养和训练。鼓励冒险和为理想而奋斗的献身精神。

（四）创新创业创造教育

创新创业创造教育是一项全员参与、贯穿人才培养全过程的教育理念，以重引导、分类施教为原则，将创新教育、创业教育、创造教育和专业教育这四者紧密结合，采用课堂教学、课外活动与实践实训相结合的教学模式，增强学生的创新精神、创业意识，提升学生的创新创业创造能力。

"三创"教育作为一个完整的理论概念，其内涵既有联系又有区别，二者相辅相成，不可割裂。

1. "三创"教育概念及内涵的完整性与关联性

创造是想出新方法、建立新理论、做出新东西、取得新成绩的一切思想和作为，是一个从无到有的过程；创新是抛开旧的、创造新的思想和作为，通常是对现有事物的更新和改造的过程，是指"创造的革新"，强调在原有知识、技术和技巧等的基础上有所前进，有所发展，有所突破；而创业则多是指创办和开创某种事业，是一种将创造、创新变成产业和现实的活动，强调的是充分发挥个人的才智。创业能把创造和创新的成果发挥实效，落到实处。

可见，创造、创新、创业具有的内在关联性，给予认识主体一种"新"的感觉，都含有"创"的成分，但"创"的程度、形态、阶段却不同。创造是从一般意义上讲的开创，创新则在于再创性，而创业则是将头脑中的思想、创意、想法变成现实中的事业的系统性过程。创造是不完美的，但创造能够孕育前所未有的东西；创新凸显"推陈出新"，却能使已有的创造尽善尽美；创业则能使创造和创新的结果产业化和财富化。从创造、创新到创业，形成一体，成就事业。

2. "三创"教育概念及内涵的区别

无论从理论还是实践上理解，"三创"教育各要素之间可以分解为以下几组关系。

（1）创造教育与创新教育。不管是原创还是再创，"三创"能力教育中的创造与创新两个要素最具有价值意义的同质性，因而它们共同处于整个概念的上位。

在"三创"能力教育的实践中，设计科学的知识课程体系和完善教学实践过程是落实创造创新教育的前提，培养学生的思维与学习能力及达成学生的智慧生成是实现创造创新教育的关键，增强学生的创造创新能力是开展"三创"教育的根本。创造创新是人的本质特性，即人类的独特禀赋和创造创新者的出众品格。这正如后现代思想家格里芬所说，从根本上说，人是"创造性"的存在物，每个人都体现了创造性的能量。人需要实现自己的潜能，也依靠自己去获得某些东西。

（2）创造、创新教育与创业教育。如果说创造、创新教育主要着眼于人的精神，创业教育则主要着眼于人的事业。

创造创新教育是以新型的教育理念为指导，以各种丰富的教学实践及教学技术为手段，以培养学生创造创新精神和增进创造创新知识素养为基本价值取向的教育。

创业教育则是通过各种现代知识及技术手段，向学生传授各种创业基本知识和技能，开发提高学生自主创业的素质，培养创业意识、形成创业能力的教育。

从创造、创新教育和创业教育的比较中不难发现，创造、创新教育与创业教育的内容相互融合，相辅相成。创造、创新是创业的基础，高职院校的创造、创新教育成效，可以通过培养学生未来的创业业绩来检验；创业是创造、创新的重要载体和表现形式，创业的成败凭借创造创新教育的扎实根基；创造、创新教育注重的是对人发展的总体把握，创业教育着重是对人的具体价值的体现。二者相互促进又相互制约，是密不可分的辩证统一体。

创造、创新教育与创业教育的内容有许多相似之处，但这并不说明二者可以相互替代。因为仅具备创造创新精神是不够的，它只是为创业成功提供了可能性和必要的准备。

综上所述，创造、创新与创业教育，其内涵既有联系又有区别，既相辅相成，又无法割裂，它们形成一个相互联结、互为因果的一体化完整关系。

三、"三创"型人才的特征

（1）主动性。旺盛的求知欲和强烈的好奇心，促使自己锐意进取，执着追求新知。

（2）灵活性。思维活跃，善于变通联想，触类旁通，举一反三，能悟及多而奇特的设想，提出非凡的主张。

（3）质疑性。不为现成的观点所约束，敢于大胆提出质疑，创造、创新贵在多问几个"为什么"。

（4）新颖性。不墨守成规，勇于弃旧图新，有与众不同的见地和别开生面的方法，敢为人先，才能有创造的成就。

（5）自信心。坚信自己的能力和所从事事业的价值，即使遭遇挫折和失败也坚定信念，一往无前，直到实现预期的目标。

（6）坚韧力。瞄准目标锲而不舍，具有坚韧不拔的毅力和决心，百折不挠，不达目的不罢休的精神。

（7）独立性。不人云亦云，不盲从，不依附，能独立判断和解决、处理已知和未知的事情。

（8）想象力。新的观点来源于合理的想象或偶然的灵感和机遇，想象力丰富，可突发奇想，有利于揭开创造、创新的序幕。

（9）洞察力。对环境有敏锐的感受力，能从他人所忽视的情况或细枝末节中察觉事物的真谛。

（10）严密性。抓住灵感一现的火花，精心推敲，深思熟虑，以求企及完美的结果。

四、专业教育

从教育学的意义来看，专业是学科与市场相连接的产物，学科中的系统知识与市场需求在专业中实现双向转变。

我国《高等教育法》对专业教育有一定要求，就是保证学生能够系统了解、掌握与本学科或专业相关的各种基础理论、知识，以及本专业必需的技能、方法，将学生培养成具备从事本专业实际工作或者研究工作能力的人才。

从广义上讲，专业教育，即各类学校依据国家有关部门制订、发布的专业目录，对各类人才进行的专门培养教育，以此为学生未来的职业发展奠定坚实的专业理论与技能基础。学校以培养专业人才为目的，进行专门的职业教育，使学生能掌握充足的专业知识，具备较强的专业技能，在未来更好地融入职业生涯。

从狭义上讲，专业教育是指在专业学校进行的培养各级各类专业人才的教育，在掌握"基本知识、基本理论、基本技能"的基础上，培养学生"会学、善学与乐学、专业基础扎实和实践能力强"，为未来的职业做充分准备。

专业教育不仅有利于学生进行系统的学习、掌握关于专业领域的基础知识，而且有利于培养学生运用专业技能和方法的能力，让学生形成有关本专业的自己的一套体系，在实际中能够灵活应用。在高等教育不断更新发展的趋势下，专业教育理念转变为：在"基本知识、基本理论、基本技能"的基础上，培养学生"会学、善学、乐学"，不断提高专业教育质量，提升学生的竞争力。可以说，专业教育是高等教育教学活动的核心环节，是学生成长成才的坚实基础。

五、创新创业创造教育与专业教育的关系

现有的对创新创业创造教育与专业教育的关系研究，多是从两者之间的彼此作用与影响的角度进行分析。将两者置于更为细致的角度进行比较，透视两者之间的关系，并在此基础上正确认识两者的融合。两者的具体比较见表1-1。

表1-1 创新创业创造教育与专业教育的比较分析

比较视角	区别		联系
	创新创业创造教育	专业教育	
产生背景	知识经济对人才需求的变化	工业革命带来的社会分工	都产生于社会变革，既相交又相互补充
价值取向	实用主义、人本主义	工具理性、实用主义	实用主义
培养目标	具有创新创业创造素质与能力的人才	掌握某项专业技能的人才	适应社会发展需要

续表

比较视角	区别		联系
	创新创业创造教育	专业教育	
教育功能	创新驱动，促进地方经济转型 升级高校科学技术的产业化	适应社会专业人才的需求	促进区域经济发展
教育内容	创新创业创造教育的理论知识、经典创业案例、实践活动	通识基本知识、各个专业的理论知识与实践知识	专业教育重学生术有所精，创业教育重思维培养，二者相辅相成
实现途径	贯穿在大学教育的始终，并不断地渗透到专业教育中	通过理论知识的传授与专业技能的实践，让学生掌握专业	创业教育的最好开展途径是融于专业教育中开展
师资	掌握创新创业创造教育相关的理论与实践知识	掌握专业教育相关的理论与实践知识	两者都需要双师素质教师

通过比较发现，创新创业创造教育与专业教育存在许多区别，但也存在特定的联系。两者各有长处，也有短板，但都是高等教育中不可或缺、不可替代的组成部分。因此，两者间进行融合，在彰显各自优点的同时，也能相互作用、相互影响，实现两者的共同发展，两者融合对人才培养质量的提升大有裨益，推进两者融合势在必行。

在高职院校开展创新创业创造教育与专业教育的融合，是要在专业领域内，使学生获得必要的专业知识与技能，同时在教学中培养学生的创新意识、创新实践能力、创业素质、创造能力，其中创新意识的培养是重点。

第二章 专创融合的理论基础

在中国特色社会主义新时代社会经济发展的背景下，培养具有创新精神、创业意识和创新创业创造能力的创新型人才，是高等职业院校当前的一个重要使命。而在高等职业院校开展创新创业创造教育，是对高等职业院校人才培养模式的新探索，要体现全员参与，贯穿教育教学全过程的教育理念。

基于现阶段创新创业创造教育与专业教育融合的大趋势，厘清二者在职业教育过程中所属的"文化地带"，重释二者的基本关系，是一个不容忽视的前提。高职院校在开展创新创业创造教育过程中，应以专业教育为基础，围绕培养学生的综合素质为价值取向，正确引导学生对创新创业创造教育的全面认识。在教育教学中，积极探索创新创业创造教育的模式和途径，加强创新创业创造教育和专业教育的相互渗透与交融，促进二者的有机深度融合，并通过社会文化知识的熏陶，开阔学生的视野，提升其综合素质。创新创业创造教育与专业教育深度融合不仅是势所必然，而且有其特定的理论基础。

一、创新创业创造教育与专业教育的有机融合的重要性

作为一门新兴学科，创新创业创造教育不仅是提升学生综合素质的重要途径，更是深化高等职业教育综合改革的关键点。然而，有一些高职院校的创新创业创造教育开展形式比较单一，简单地照搬传统的教学理念、教学模式和教学方法。"高职院校在实施创新创业创造教育的过程中，往往由于忽视创新创业创造教育本身的实践性比较强的特点，使其与专业课程教育之间的矛盾未能得到有效协调。"[2]致使创新创业创造教育与专业教育的边界过于清晰，二者都是"独在"的状态，忽视了彼此间的亲缘关系。正是因为二者没有结合，因此影响了创新创业创造教育的效果，体现为创业成功率低、低端创业（无专业能力含量的创业）等问题。

同时，实现二者的有机融合是高等职业教育人才培养模式改革的必然选择，

也是提升就业率，降低毕业生失业率的现实需求。

因此，为了提升人才培养质量和提高创新创业创造教育的实效，高职院校需要进一步加大改革力度，使其与专业教育有机深度融合。

专业教育和创新创业创造教育作为高职院校的两个有机组成部分，二者相辅相成、缺一不可。虽然在教学内容、教学模式上创新创业创造教育与专业教育有所不同，但二者的教育目的是一致的，都是为了培养出适应经济发展所需的高素质人才。二者之间存在着紧密关联，创新创业创造教育并不能与专业教育脱离开，而是应依赖于专业教育。二者水乳交融，相互补充。只有在专业教育的支撑下，创新创业创造教育的开展才会更加顺利。所以，对于高职院校而言，必须按照人才培养的目标定位，以及创新创业创造教育的目标要求，探索有利于专业教育与创新创业创造教育相融合的路径，通过对专业课程的合理设置调整，寻求到专业课程的创新创业创造教育资源，进而在教师讲解专业知识的过程中，潜移默化地渗透创新创业创造知识，提升学生的综合能力。

专业教育与创新创业创造教育之间相互作用、相互促进，前者是后者发展的基础，后者又对前者的改革与完善具有重要的推动作用，两者相辅相成、相互补充。

因此，在教育教学过程中，努力实现二者的有机融合，为培养高职生开拓精神和批判性思维、提升高职生的实践能力和创新创业创造能力提供有利环境，同时也为高职院校创新人才培养模式提供强大动力。

二、创新创业创造教育与专业教育有机融合的必要性与可行性

近年来，我国高等职业教育事业获得长足发展，培养了大批高素质技能型人才，这其中专业教育发挥了重要作用。但是，当前进入了新时代，经济发展也进入了新阶段，对高等职业教育改革提出了新的要求，传统专业教育中应用的教育思想、观念、教学方法，甚至教学内容均难以满足当下新时代社会主义市场经济对于高职生就业素质以及创新创业创造素质的实际要求。因此，将创新创业创造教育作为高等职业教育突破口，对高等职业教育改革进行深化，在专业教育中融入创新创业创造教育，培养出既掌握一定专业理论知识，又具有实践能力和创新创业创造能力的高素质创新型人才，就成为高职院校的新使命。

（一）"三创"教育与专业教育有机融合的必要性：融合的理论前提

创新创业创造教育与专业教育的紧密结合是绝大多数从事创新创业创造教育教学、研究与实践学者的普遍共识，但当前存在着理论与实践的严重背离。在推进创新创业创造教育改革过程中，部分高校仍停留在为落实文件而开展创新创业创造工作的状态，创新创业创造教育与人才培养方案没有很好地融合，与专业教育仍然是"两张皮"。尽管很多高校尝试将创新创业创造教育融入日常教学中，但因课程设置、教学内容、师资数量和师资结构等原因，专业教育和创新创业创造教育仍然处于"疏离"的现状。

1. 高职院校人才培养模式改革的必然选择

随着高等职业教育迈入类型教育，实现创新创业创造教育与专业教育的融合，不仅有利于高职院校强化自身内涵建设，同时也有利于教育教学质量的提升。

然而，目前我国高等职业教育依然实施的是以培养学生专业知识与技能为主的教育活动，忽视对学生创新精神、创造力与想象力的培养。但随着近几年创新创业创造教育的逐渐普及与推广，高职院校在人才培养中已取得了一定的成效，尤其是在提升学生就业率、指导学生创新创业等方面发挥了重要作用。但由于受课程设置、教学内容、师资配备等多方面的影响，在专业教学中，还没能很好地融入创新创业创造知识。实践证明，二者的有机融合既是提升学生综合素质的重要举措，更是高职院校人才培养模式改革的重要抓手。因此，高职院校应转变传统单一的"重理论轻实践"的教学理念，以社会需求为目的，创新人才培养模式，积极调整课程设置，充分有效地将创新创业创造教育的创新能力、创造能力、实践能力的培养融入专业教育中，使二者"有机融合"，进一步提高学生的创新与实践能力，促进高职学生全面发展。

2. 高校创新创业创造教育科学发展的必然需求

高职院校实施创新创业创造教育的过程中，应以专业教育为支撑，以培养学生的创新精神、创业意识与创造潜能为导向，激发学生的创新创业能量和创业激情，使学生的个性发展与未来职业相协调，促进学生的全面成长。而对学生创造潜能、创新思维的培养，必须充分考虑到学生的专业背景、知识技能和个性特点等，例如，市场营销专业教师在教学中可以适当讲解一些创业典型、创业者组织能力、企业家精神等相关内容，引导学生从所学的专业理论知识出发，促进学生对创业的了解。学生具备扎实的专业理论知识是有效实施创新创业创造教育的基础，创新创业创造教育不能脱离专业教育而单独运行，脱离专业教育给学生讲创新创业创造会显得单薄而无力。

（二）创新创业创造教育与专业教育有机融合的可行性：融合的客观基础

作为大众创业、万众创新的生力军，高职学生不仅要学习和掌握扎实的专业理论知识，还要有分析问题和解决问题的实践能力，由此可见，专业教育和创新创业创造教育是不矛盾的。实现二者的有机融合，有利于创新创业创造教育的深入推进，更有利于专业教育水平的提高。

1. 有利于专业教育水平的提高

教育，是一个国家发展的动力所在。目前，我国将创新创业创造教育作为高等职业教育改革的方向，能够帮助学生实现从理论到实践的转化，促进学生将专业理论知识运用到实践中，并提升其实践的能力与素质。作为通识教育的一种形式，创新创业创造教育有益于改变传统单一的专业教育模式。

实现创新创业创造教育与专业教育的有机融合，使专业教育超越了传统的高职教育模式，既培养了学生掌握相关的专业知识，同时也使学生将理论知识应用于具体实践。因此，通过与创新创业创造教育的有机融合，进一步丰富专业教育的理念、定位，提高教育教学质量，培养出更多的创新创业创造型高素质人才。

2. 有利于创新创业创造教育的深入推进

创新创业创造教育是一项长期的"系统工程"，既不能一蹴而就，更不能无的放矢。高职院校推进创新创业创造教育既是促进经济社会转型发展的外在表现，同时也是深化高等职业教育改革的内在需求，其根本目的是针对学生的开拓精神和实践能力的培养，提升高职教育教学质量。然而，目前我国高职院校开展的创新创业创造教育具有普适性特点，所有专业的学生接受的"三创"教育模式具有同一性或相似性，忽视了专业性对创新创业创造教育的影响。使二者仍然处于"两张皮"，无法达到学生获取多元创新创业创造知识的愿望。学生所学的专业基本决定了他的知识结构，也基本决定了其创业方向，尤其是创业初期的发展方向。

专业教育是高等职业教育教学活动的重中之重，为学生成长成才夯实了基础。由此可见，高职院校开展创新创业创造教育需要寻求专业教育作为依托，并将创新创业创造教育渗透到各专业的教学活动中，使学生的实践能力、动手能力、创新能力和创造能力的培养在专业教育中得以充分施展，进一步明确创新创业创造教育的发展方向。

三、三创教育与专业教育有机融合的原则

创新创业创造教育与专业教育有机融合需要有一个探索和实践的过程，对二者的有机融合应进行系统设计，遵循适应性、问题导向、需求导向和循序渐进原则，高职院校应善于将专业优势转化为创新创业创造教育优势，合力培养学生的开拓精神、批判性思维、实践能力和创新创业创造能力，提升学生的综合素质。

（一）适应性原则

目前，我国高职院校以专业教育为主，以培养学生掌握扎实的专业基础知识，具备较强的专业能力为目标，教学过程中主要依据专业人才培养方案实施。因此，创新创业创造教育与专业教育的融合，既要考虑专业人才培养方案的复杂性与系统性，又要考虑创新创业创造教育的综合性与实践性。

高职院校应遵循适应性原则，在确保专业教学有序实施的前提下，有效融入创新创业创造教育。从培养目标、课程设计、学分要求，以及实践性教学活动等方面将创新创业创造教育融入专业人才培养方案中，在专业教学过程中发挥出创新创业创造教育的实践作用，培养学生的综合素质与能力，不断提高人才培养质量。

二者在有机融合过程中遵循适应性原则需要做好以下三方面的融合：

（1）创新创业创造教育与专业人才培养方案的融合，将创新创业创造教育理念融入专业的人才培养目标中，包括课程性质和学分设置等；

（2）创新创业创造教育课程与专业课程的融合，这是二者融合的"核心"，包括课程安排、课程内容以及教师的选择等；

（3）创新创业创造教育与专业实训的融合，要充分考虑到创新创业创造教育所具有的实践性，包括校内、校外实践平台的构建，实践教学课程计划、安排等。

（二）需求导向原则

受传统教学理念的影响，我国高等职业教育多以知识的传授为中心，忽视对

学生主观能动性、创造力和想象力的培养，难以满足当前社会经济发展对于高职人才的要求与需求。而创新创业创造教育是以培养学生的能力素质、思维品质为价值取向，使其与专业教育相结合，有利于启发学生的探究性，促进学生的全面成长。

由此可见，创新创业创造教育是对专业教育的深化，能有效促进专业教育的发展和创新。专业教育和创新创业创造教育作为高职教育不可或缺的两个组成部分，对培养既具备扎实专业理论知识，又具有开拓精神和创新创业创造能力的高素质人才发挥着重要作用。

因此，高职院校应遵循需求导向原则，从创新创业创造教育与专业教育互补的角度出发，促进二者的有机融合。

（1）要在高职院校寻求改革突破口的需求下，调整人才培养模式，在专业教学中充分的、合理的融入创新创业创造教育，处理好学生专业理论知识与实践能力培养的相互关系，有效提升教学质量；

（2）要在经济社会转型发展对高职人才需求转变的背景下，把培养学生的开拓进取与勇于创新精神和专业教育有机融合，使创新创业创造教育能够落地生根，助力提升学生的综合素质。

（三）循序渐进原则

在全面深化高等职业教育教学改革的背景下，促进创新创业创造教育与专业教育有机融合，既是高职院校提升人才培养质量的内在需求，同时也是新发展理念下推进高职院校综合改革的重要举措。人才培养需要遵循人才成长规律，创新创业创造教育与专业教育的有机融合不可能一蹴而就，是一个需要不断探索与实践的过程，高职院校应遵照循序渐进原则，突破传统观念和惯性思维，进一步改革创新，深化高职院校人才培养改革，促进高职生的创新精神、创业激情和创造能力的共同提升。

四、人的全面发展理论

（一）理论概述

马克思对资本主义社会存在"异化"现象的批判，本质上是对资本主义社会这所"大学"对人的塑造的批判。而造成人"异化"的原因，就是在所有制不同的基础上的人类生产的分工。这种非正义的分工体系给资产阶级提供了丰厚的物质条件，可以为他们培养多方面的兴趣和能力提供条件。而被压迫的工人阶级则挣扎在温饱线上，过着贫困、沉闷、单调的生活。

这种社会非正义同样深刻地渗透到现代资本主义国家的学校教育中。资产阶级的孩子享受的是贵族式教育，他们接受艺术、音乐、哲学、体育、管理等全方位的教育，为培养多方面的技能和独特的个性创造了条件。工人阶级的孩子则在普通的学校中接受基本的语言、算术和技能训练，为成为一个合格的技术工人而努力奋斗。马克思认为，这种源自社会非正义的分工，在教育系统中得到了最彻底的展现。这种立足于财产所有制的"异化"，导致整个代际遗传之间的"异化"，乃是最大的不正义。

基于此，马克思提出培养"新人"的设想，即摆脱了基于财产不平等、个人的自由而全面发展。这种思想一直在马克思对资本主义的批判中潜滋暗长。马克思的人的全面发展思想的萌芽在《1844年经济学哲学手稿》中已经出现。在手稿中，马克思指出：共产主义是人的自我异化的积极的扬弃，它是人向自己、向作为社会的人即合乎人的本性的人的自身的复回，这种完全的、彻底的复回，是在以往发展的全部的财富范围内生成的。马克思所表达的共产主义作为完成了的自然主义，等于人本主义；而作为完成了的人本主义，等于自然主义。[3]

如果说马克思在此提出的"合乎人的本性的人的自身的复回"这一说法还存在抽象的人本主义思想痕迹的话，那么他进一步表达关于人的全面发展的思想，则是在《德意志意识形态》中对"个人全面发展"概念进行了具体阐释。后来，这一思想又在《共产党宣言》中被标示出，表明共产主义者的理想目标就是实现人的全面发展，这一重要论述为进一步丰富和完善马克思关于人的全面发展思想奠定了坚实基础。可以说，这种说法的转变意味着马克思已经摆脱了费尔巴哈式的抽象的人本主义，而是立足于社会发展的现实条件与发展规律，来寻求和考察人的自由而全面发展的可能条件。

这种探索贯穿了马克思的一生，而《政治经济学批判大纲》和《资本论》的问世，意味着马克思立足于现代经济发展的规律，找到了人类从"以物的依赖性为基础的人的独立性"的资本主义现代化转向"以人的自由而全面发展"的共产主义社会的发展规律，它标志着人的全面发展思想更加成熟。

总而言之，马克思关于人的全面发展的理论，是逐渐脱离抽象的人本主义，立足社会分工、由生产力与生产关系的全面性所决定的。在人的自我异化对劳动和资本化还没有表现出积极地扬弃，私有制占据统治地位的社会条件下，人还只是片面发展的个体。在旧式社会分工的背景下，人与自然、与社会之间的矛盾并没有得到真正解决。

马克思所表达的人的自由而全面的发展，是指作为社会存在物的个体人的全面发展，是社会生活中每一个人即全体社会成员都普遍得到发展。每个人自由而全面发展的思想是马克思主义及其教育理论的核心和实质。这种指导思想，自中华人民共和国成立以来就成为社会主义教育事业发展的理论指南，并且随着社会形势的变化而不断得到推进。

马克思提出的人的全面发展是建立在脑力劳动与体力劳动相结合的基础之上，是以历史唯物主义为基础的、科学的世界观。"马克思主义关于人的全面发展的理论包括三个方面的内容：首先，人的全面发展是人的体力和智力的充分发展；其次，人的全面发展是个体的情感和道德的充分发展；最后，人的全面发展还表现为美感的充分发展。"[4] "马克思主义关于人的全面发展观认为，人的全面发展的本质是充分、自由、全面地占有人类物质和精神文化成果，是人在体力、智力、情感和审美情趣诸方面协调和谐的发展。"[5]

在马克思看来，生产力的发展对人的全面发展提出了要求，而现实的生产关系则是决定人的全面发展的重要条件之一。马克思在《资本论》中进行了比较详细的分析。大工业生产要求"专精于一艺的部分个人，应当为全面发展的个人所代替，对于这样的人，各种社会职能，只是相互交替的活动方式而已。"[6]大工业生产作为一种新型生产关系，对人的素质提出了新要求，同时也给教育提出了新问题。单一才能的人势必会被全面发展的人所代替。第三次工业革命后，这种要求愈发强烈了。

"全面发展教育理论要求学校及教师着眼于学生的发展，遵循学生的身心发展规律，通过各种教学方式为学生的全面发展提供条件，创造环境，使其在学习和掌握各类知识的同时，形成自我养成，并通过有效的社会实践和训练，促使学到的知识逐渐内化为自身相对稳定的思维方式和行为习惯，达到理解和运用知识，并最终促使其实现个体全面发展，成为能够适应未来社会发展的会生存、善学习、勇创新的复合型人才。"

（二）人的全面发展理论与创新创业创造教育的关系

创新创业创造教育是素质教育在市场经济条件下向纵深发展的时代体现，是以"创新、创造、创业"为核心的素质教育成为可能的现实追求。[7]它与马克思的人的全面发展理论存在一致性。马克思所表达的全面发展的人作为社会存在物是在复杂的社会交往中表现生命个体，能够在不同的活动范围参与社会生活，能够利用相互交替的活动方式表现不同的社会职能，能够自由支配自己的时间和行为，能够获得更加丰富的物质财富和精神财富，是真正意义上的人的全面发展。因此，全面发展的人与创新创业创造教育培养的人有许多相同特征。实施创新创业创造教育是实现人的全面发展的现实途径，人的全面发展是对创新创业创造教育的多维度规定。[8]

创新创业创造教育的推广，就是对马克思的人的全面发展理念的推广。但是这种实践和推广不能仅仅停留在喊口号的阶段，而应该努力转变教育体系，努力创造更加有利于人的全面发展的体系建设。应该看到，传统的专业教育是我国工业化初期的内在需求，即培养具有某一专业技术技能的人才。但是，随着我国工业化的进一步深入发展和以信息化、智能化和自动化为代表的新科技革命的到来，专业教育越来越表现出其局限性。因此，立足于社会发展的现实基础之上，培养出既有专业素养，又有创新创业创造能力的全面发展型人才，成为高职教育的发展趋势。这就要求学校通过与政府、市场以及其他社会团体的积极沟通和资源整合，建立和完善学生的全面发展体系，为学生的全面发展创造更加有利的、广阔的空间。

同样，高职院校应积极探索创新创业创造教育与专业教育有机融合模式，这一方面是适应我国新时代新阶段高质量发展对人才培养的内在需求；另一方面则是对于马克思人的全面发展理论在当前新发展阶段的实践。这种两相结合的思路本身就是在思想与现实之间张力之下的探索，这种探索主要以人的全面发展体系的建立和完善为着眼点。

（三）人的全面发展理论对创新创业创造教育与专业教育有机融合的指导意义

马克思提出的人的全面发展理论，是马克思主义教育思想的重要组成部分，也为人的塑造、人的培养、人的教育和人的建设提供了理论基础和价值依据。研究马克思的人的全面发展理论，无论是对深入理解马克思的教育理论，还是指导创新创业创造教育与专业教育有机融合都具有积极的指导意义。

1. 人的全面发展应成为高职院校培养人才的核心理念

人的全面发展理论，作为马克思主义理论的核心内容和根本的价值目标，不仅为高职院校科学制定教育目标提供了重要理论依据，而且提供了指导方法。高职院校不仅要坚持对学生进行专业知识的传授，而且更要注重能力的培养。在专业教育基础上，充分发掘创新创业创造教育教学内容，将二者有机融合起来，贴近学生实际，对于提高创新创业创造教育的教学实效性、促进人的全面发展尤为重要。

2. 促进人的全面发展应积极建构多种平台和体系

促进人的全面发展不是一句空话。它一方面要求学校在落实这一理念的时候，要结合各种资源，为学生的多方面发展提供多样化的平台，满足学生差异性的要求；另一方面，学生全面发展的体系建设，就要求学校培养学生的多方面能力，它是专业教育由单一走向多元的必然要求。只有走出单一的"偏才"状态，走向多面的"全才"状态，才是具有创造性的人才。而这种创新型人才的培养，需要学校立足于现实整合多方面的资源，建构多样性的育人的体系。

3. 促进人的全面发展应持续推动不同教育方式的融合与创新

建构人的全面发展的体系不能一蹴而就，也不是一劳永逸。随着社会的进步和科技的发展，学校教育面临着不得不进一步适应"社会化"的压力。推进创新创业创造教育与专业教育有机融合的探索，本身就是对高校"社会化"的一种探索。并且，随着社会的发展，对创新创业创造教育与专业教育有机融合的探索也将进一步深化。这就要求我们对这种有机融合的人才培养体系进行进一步探索、发展、深化，也将会持续推动多种教育方式的融合、创新，在社会发展与坚持理念之间保持一种动态的平衡。

五、泰勒原理

在现代课程领域，被誉为"现代课程理论之父"的美国教育家拉尔夫·泰勒（Ralah W. Tyler）提出的关于课程的观点，对中西方课程理论的发展具有里程碑式的意义。特别是他在 1949 年出版的《课程与教学的基本原理》，将课程编制相关理论进行了原理性的描述，从此成为现代课程理论的发展基础。拉尔夫·泰勒提出了对现代课程理论的发展起着指导性作用的"泰勒原理"，包括了四个层面的理论：一是教育目标的制定方式；二是教育经验的普及方式；三是整合教育经验的方法；四是确保受教育者实现教育目标的途径。

泰勒对以上四个层面的理论问题加以总结，并进行了理论性的语言简化，从而形成了包括明确教育目标、确定学习策略、整合习得方法和评价教育安排四个步骤的理论框架。在泰勒的课堂理论中，以上四个步骤在具备独立性特点的基础上又相互配合、相互促进。具体表现如下：

基于学习策略和习得方法的创新教学理念来制定教育目标，不仅可以丰富传统课堂教育的策略，还能推进评价教育机制的形成。而构建出的评价体系又能依据教育目标的变化而不断革新，逐步完成对创新教育形式的优化工作。与此同时，教学经验和教学组织过程不仅可以完善教育目标，还能激发教育者构建新的教学目标。总之，教育目标是贯穿课堂教学始终的关键因素，其他三个维度则与教育目标起着互相促进的作用[9]。

因为具备多维度的紧密关联性和促进性，所以"泰勒原理"是一种科学的课程教学理论。因此，高校在进行高素质人才培养的过程中，应重视该理论所起到的指导作用，并以此为模式，构建科学有效的课堂教育结构，在完善教育目标、综合教育经验、提升教学效率和构建评价机制的基础上，基于受教育者不断变化的教育需求来制定、改进教学模式与方法[10]。

作为一种完整的科学教育理论，"泰勒原理"着眼于主客体之间实用经验所起的重大作用来进行理论构建。经验不再是存在于学生以外的东西，而是与学生之间的相互作用。在此基础上，"泰勒原理"重视行为主义理论的运用，在心理学层面上，针对受教育者的刺激反应对教育理论进行了深化和补充；泰勒依据1923~1933年经济萧条的社会发展背景，针对"高校升学率低"和"社会就业率低"这两种现象进行了实践性的理论探究，得出了学校教育受社会环境发展现状和课程安排结构制约的理论，并针对这一理论进行了为期八年的教学实践活动。以泰勒为首的教育学家们针对当时的社会发展情况进行了教学实践改革活动，以期达到满足受教育者教育需求的目的。在持续八年的教学实践过程中，教育学家们依据社会背景和课堂教学实际情况，对课程教育环节进行了优化，提出了多种评价策略，并对受教育者进行了教学目标的标准化展现行为，以此来提升课堂教学效果[11]。因此，创新创业创造教育与专业教育之间融合的关键是课程设计。确定合适的教育目标，结合创新创业创造教育的特点，为不同发展水平的学生开发适合的课程。

国外教育课程设置强调专业与通识教育相结合、人文教育与科学教育相结合，并重视改革方法。现在，以培养创新型高素质技能人才为目标，实现高职专业教育与创新创业创造教育有机融合，利用"泰勒原理"理论分析高等职业教育课程的体系，从而为建设更加合理的课程提出建议。

六、建构主义理论

最早提出建构主义思想的是维果斯基。他认为，每个个体的认知方式以及认知过程是有区别的，因此，每个人的学习结果以及学习状态也是无法提前预测的。教学本身的任务不是控制学生的学习，而是去促进学生的学习。随着网络在教育领域的应用和发展，关于建构主义的理论也在不断地发展和完善，进行教学设计的时候，重点并不是在教学目标上，而是在学生的发展上。要以学生为中心，构建能够促进学生进行知识内化的外部和内部环境，促进学生知识的吸收、能力的获得。在这个过程中，教师只是学生学习过程的辅助者和促进者。建构主义对于传统的统一式课堂授课模式是不赞同的，它认为这样的教学方式，不仅无法凸显学生的主体性与个体化，还会阻碍学生个性的发展与优势的发挥。它主张因材施教，充分发挥学生的主观能动性，每个学生都应当有与教师直接对话的机会，教师只是学生学习的引导者，不是主导者。

建构主义是培养学生创造能力的最好方式，它能够最大限度地激发学生的积极性和主动性，尤其对于学生理解复杂知识以及高级技能的习得方面更是有着得天独厚的优势。

建构主义理论认为学习需要发生在情境中，在社会交往以及与周围环境的交互过程中，通过解决问题获得技能。在这样的过程中，学生掌握着学习进程的主动权，实现构建好的学习目标。

建构主义的学习观，强调学习者可以利用现有的知识经验积极构建新的知识，其核心是：学习者以自身为主体，借助自身习得或其他方式来获取知识，建构出知识框架并总结出学习目标[12]。学习者在知识建构行为中，虽然外界帮助是不可或缺的因素之一，但建构主义认为，学生会主动建构自己的知识。学习是一个同化、顺应、再同化、再顺应的周而复始的过程。同时，带有反思性的学习实践，可以使学习者利用以往的经验来理解或评价当前的状态，反过来，它会影响今后的实践，并形成新的内容，体现为学习是再创造的（教育）活动。

建构主义的教学观以提升学生自主意识为基础。

第一，不同于传统以"教"为主的教育理念，建构主义提出了"学"所具有的重要性。

第二，与传统课堂教学模式相比，建构主义将设立教学情境作为教学的有效措施之一。

第三，突出学生的主体实践活动作用。

第四，教师在引导学生建构知识框架时，应以其丰富的知识来激发学生的学习积极性，进而在提升学习技能的过程中突出学生的主体地位，借助自身的优势来培养自我管理能力；而教师的职责和任务是为学生提供现实世界的真实问题，辅导学生并为其创造一个良好的学习氛围与环境，使教师从权威角色过渡为学生学习的辅导者或合作者。在课堂教学的过程中，教师可以结合学习过程中环节的内容，通过设计相应实践来提高学生的学习积极性。教育的前提是以学生为主体，充分发挥学生的主体作用。

建构主义理论研究关于具体专业学科和双创教育的教学，为教学实践改革和改进提出了针对性的启发[13]。受建构主义影响的实际教学，强调学生"学"，而非教师"教"；教师的实践教学过程保证生动性，课堂教学保证情境创设强，鼓励师生的合作学习，学生的学习要有明晰的目标导向，并且激发学生的积极性。改变过分注重专业知识传授和创新创业创造课本教课的传统教学模式，更好地促进专业教育与创新创业创造教育的融合。

通过建构主义理论的指导，改革教学内容，提供更新的符合经济社会需要与发展的知识信息；同时要合理利用现代化教学设备，重视合作学习[14]。

七、综合技术教育理论

综合技术教育是创新创业创造教育与专业教育有机融合的理论基础之一。"综合技术教育"思想较早由裴斯泰洛齐提出。他强调，要把综合技术教育作为培养全面发展的人的重要方法之一。他认为，只有经历过综合技术教育才能适应变化的劳动条件。19世纪初叶，空想社会主义思想家欧文提出了教育与生产劳动相结合以及综合技术教育思想，指出在某个合理的社会，劳动阶级每个人的脑力与体力是广泛的结合，培养德、智、体、行全面发展的人。

马克思和恩格斯以及后来的列宁，都把教育作为社会发展的重要问题来看待，综合技术教育也是其中之一。马克思在《临时中央委员会就若干问题给代表的指示》中指出："技术教育，这种教育要使儿童和少年了解生产各个过程的基本原理，同时使他们获得运用各种生产的最简单的工具的技能。"[15] 把有生产劳动与综合教育结合起来。后来又在《资本论》中多次论述综合技术教育，他也把这种教育简称为技术教育。

综合技术教育就是使青少年在掌握生产过程原理的同时，也能运用一些简单的生产工具进行生产，在获得了一般的劳动技能的同时，又能在劳动过程的社会意义中理解生产劳动的原理，培养青少年在生产劳动过程中把理论与实际联系起来，在此基础上能够理解一定现象之间的相互关系的能力。马克思认为，工人阶级在掌握政权以后，理论与实践相结合的技术教育将会在工人学校中占据重要的位置。而在现代社会高职院校的发展中，理论与实践相结合的综合技术教育仍占有重要地位，将创新创业创造教育与专业教育有机融合就是综合技术教育在高职院校中的具体体现。

在教育学生的过程中，综合技术教育要求学生深刻理解现代科学的基本原理在生产劳动过程中的实际应用，把生产劳动的专业知识具体化，抽象的理论实际化，在提高学习科学知识积极性的基础上，既掌握知识又开发智力。

在中国特色社会主义新时代的高职院校中，教育教学同样要求用专业知识指导学生实践，培养学生的实践能力以及创新创业精神，提升学生的创造能力，创新创业创造教育在高职院校的人才培养中发挥着重要作用。

马克思所强调的综合技术教育要求学生智力和体力得到综合发展。在现代高职院校的教育教学中不再是简单的理论知识指导生产实践，而是要通过专业知识的理论，结合专业知识的背景，将创新创业创造的理念以及方法融入专业知识的教学中，培养具有创新精神和实践能力的专业化人才，使学生具有创新精神、创业意识，从而在理解专业知识的基础上具备适应社会发展所需要的创新创业创造能力。创新创业创造教育与专业教育的有机融合正是对马克思综合技术教育理念的延伸与发展。

八、创业胜任力模型理论

2009 年，美国创业教育协会与就业和培训局联合教育、商业和各行业领袖，制定了一项全面的涉及所有职业领域的创业胜任力模型（图2-1）。

图 2-1　创业胜任力模型

设计创业胜任力模型的主要目的是帮助教师、学生、培训人员、潜在员工了解成功地发展自己的事业所需的创业能力，用以发展和完善为青少年和成年人提供的创业教育课程，最终达到创业意识的提高。

该模型从基础能力到行业和职业的具体能力，共包含3个部分9层能力指标，随着金字塔层的上升，指标的特异性和专业化程度逐渐增加。

1. 基础创业能力指标

（1）个人能力。如交际能力、工作欲望、适应能力、应对危机的能力和学习能力。

（2）学术能力。如读、写、算、语言能力和分析思考能力等。

（3）工作能力。如创造性思维、组织能力、处理问题能力、人际关系能力、计算机操作能力等。

2. 行业相关的创业能力指标

（1）广泛的技术能力。如革新能力、金融管理、商业运作等。

（2）特定的技术能力。如青少年创业、小企业发展、高价值创业、社会创业等。

3. 专业化的创业能力指标

（1）专业化知识领域。

（2）专业化技术能力。

（3）职业特定需求。

（4）管理能力。[16]

该模型在美国得到了广泛认可和应用，为课程的设置和教学方法的选用提供了有力的理论支撑；是创业课程开发和课程体系建设的主要依据；是创业课程内容的重要部分，不同的专业可以根据创业胜任力模型将培养内容具体化[17]；同时，受教育者接受创业教育之后的创业胜任力指标的发展情况，也是检验课程效果和创业教育成效的重要评价标准之一。

九、政府—高校—市场三螺旋理论

（一）政府、高校与市场之间的关系

在知识经济社会，一个国家的创新能力决定其发展潜力。政府、高校与市场作为社会创新活动的三大主体，扮演着举足轻重的角色。伯顿·克拉克（Burton R. Clark，1983）通过跨国比较研究发现，政府、高校与市场之间主要有三种关系格局[18]：

（1）政府干预型。以苏联为代表，教育与市场以政府要求为导向。由于政府占绝对主导地位，只有单向、僵硬的推拉关系，不利于创新活动的开展。

（2）自由发展型。这种模式下，三者界限明确、互不干涉。由于缺少引导与互动，因此视野狭窄，创新活动进展缓慢。

（3）市场导向型。以美国为代表，政府与高校依据市场需要开展创新研究。这种模式有利创新活动的开展，但是容易导致教育过度市场化，丢失高校学术底线。[19]

（二）三螺旋理论

亨利·埃茨科瓦茨（Henry Etzkowitz）和勒特·雷德斯道夫（Loet-Leydesdorff）共同提出的大学、市场、政府三螺旋理论，更有利于创新活动的开展。

三螺旋（Triple Helix）这一名词最初源于鲍林（Linus Pauling）和科里（Robert B. Corey）的实验，二人曾把 DNA 分子结构误认为是三螺旋结构，后被华生（James Wat-son）和克里克（Francis Crick）证明为双螺旋结构之后，三螺旋模型便被用于研究晶体学或生物分子学中复杂的转型过程。20 世纪 90 年代初，美国学者亨瑞·埃茨科瓦茨和荷兰学者勒特·雷德斯道夫引入三螺旋模式来分析

高校、市场、政府之间关系，正式提出三螺旋理论。

所谓三螺旋，是指高校、市场、政府三方在创新过程中密切合作，相互作用，同时各方分别保持独立身份的螺旋型互动关系模型。[20]在知识生产与转化的不同阶段，高校、市场、政府（包括地方性的、区域性的、国家层面的以及跨国层面等不同层次）等创新主体相互联结在一起，形成三种力量，既相互影响又螺旋上升的三螺旋关系[21]，如图2-2所示。

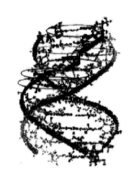

图2-2　三螺旋循环图

政府、高校、市场在相互作用的过程中，并非一直保持三方力量的均衡、协调，而是会根据不同阶段的需要，相互产生不同的作用力。比如，在一定的历史时期内，坚持一切以经济发展为中心，就形成市场中心主义；如果政府要加强宏观调控的影响力，则转向国家干涉主义。用物理学电场中的场强泛函数公式来表示：

$$E = f(EG, EU, EI)$$

其中，E表示场强，EG、EU、EI分别表示政府、高校、市场各自的场强，OP表示场强的方向，它会随着作用力的不同场强的方向偏移[22]，其相互作用如图2-3所示。

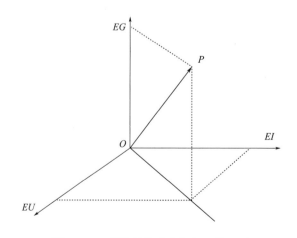

图2-3　三螺旋结构中各场相互作用图

（三）三螺旋共生结构

在三螺旋结构中，政府、高校与市场的合作构架在互利共生的基础之上，三者彼此支持，螺旋共进。从螺旋循环图（图2-4）可见，政府、高校、市场既密切合作，又各自独立。政府、高校与市场两两互动，相互交叉，形成一个三方交叠区域，便是三者共生的基点，具体的结构模型见下图。

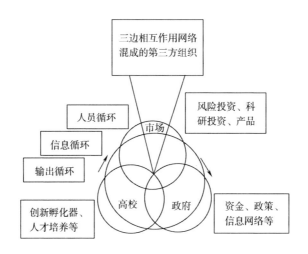

图2-4 政府—高校—市场螺旋共生模型

资料来源：Etzkowitz H，Zhou C. Regional Innovation Initiator：The Entrepreneurial University in Various Triple He-lix Models ［A］. Singapore Triple Helix Ⅵ Conference Theme Paper，2007：1-25.

在三螺旋模型中，市场中的企业是区域创新的参与者，主要通过风险投资、科研投资还有产品创新等形式参与，并在整个市场内形成人员、信息、成果输出的自循环。政府是区域创新的辅助者，它掌握着发动与调控创新活动的杠杆。高校则是区域创新的驱动者，相比政府与企业扮演着更重要的角色，因而在创新活动中占主导地位。

一方面，高校培养大批创新人才，是区域创新的主力军；另一方面，高校是知识的聚集地，是科研活动、技术发明的重镇，发挥着知识与创新孵化器的功能。[23-24]

在三螺旋结构中，高校与市场都附属政府管辖，因此，政府可以通过出台政策、构建信息网络或财政投入引导和鼓励创新。

政府、高校与市场之间，又通过信息输出、人员输出与成果输出的循环流转，形成区域创新三螺旋结构。

（四）创新的方式

三螺旋结构的形成并不代表创新活动的发生。经济学家约瑟夫·熊彼特（Joseph Schumpeter）在《经济发展理论》一书中开创了对"创新"理论研究，并把"创新"解释为"生产方式的新组合"[25]，他还分析了五种创新的方式：

（1）引进新的产品，也就是研发一种现有市场没有的新产品。

（2）采用新的技术，在新的科学技术还未投放市场以前，首先将其运用到生产过程中。

（3）开辟新的市场，在现有的市场下，首先开辟另一个供给或需求市场。

（4）控制原材料或半成品的供给来源。

（5）实现企业的新组织，形成或打破一种垄断。[26]

创新的驱动力来自一群有企业家精神的创业者，他们是创新过程的主体。[27]高校作为区域创新的主阵地，必须通过开展创新创业创造教育来实现创新目标。

（五）三螺旋理论在创新创业创造教育与专业教育融合中的角色扮演

新时代，高职院校开展创新创业创造教育的最优路径，就是将其融合到专业教育的过程中，实现二者的共生共赢。创新创业创造教育与专业教育的融合涉及理念、培养目标、课程、教学、师资、经费、管理等很多方面的工作，跨度大、难度高、涉及面广，仅仅依靠高校本身根本无法顺利完成。必须要有政府的拉动与辅助以及企业的参与，三者共同形成一个跨学科、跨组织的螺旋合作网络，相互促进，又从中获利。

政府、高校、企业三螺旋结构，在创新创业创造教育与专业教育融合过程中，各自扮演着不同角色，发挥着不同的功能。

1. 高校：融合的驱动者

在创新创业创造教育与专业教育的融合过程中，高校处于核心地位，是螺旋结构的推动器。

首先，高校是融合的发动者。创新创业创造教育与专业教育都是教育，因此，两者的融合必然也由高校主导。高校必须积极开展创新创业创造教育，并主动将其与专业教育相融合。

其次，融合的维度必须从教育过程的各要素出发。如理念融合、课程融合、师资融合等。

最后，高校是直接受益方。创新创业创造教育与专业教育融合有利于创新型专业人才的培养，有利于高校人才培养质量的提升、教育体系的改革等，政府和企业间接获益。

2. 政府：融合的辅助者

政府在三螺旋结构中扮演辅助者、拉动者、调控者的角色。所有高校、企业都在政府的管辖范围之内，都必须服从政府的调配。

（1）政府出台政策、制定决议，引领和鼓励高校的专创融合。目前已经有相关方面的政策，如《国务院办公厅关于深化高等学校创新创业教育改革的实施意见》《国务院关于推动创新创业高质量发展打造"双创"升级版的意见》《国务院办公厅关于进一步支持大学生创新创业的指导意见》等。

（2）提供财政支持，建设众创空间、孵化基地、创业园、孵化器等，为学生提供创业与专业实训平台。

（3）加强师资培训。师资融合是创新创业创造教育与专业教育融合的关键。如果创业教育教师不懂专业知识，专业教师也不通晓创业知识，实现二者融合便是"纸上谈兵"。因此，必须加强对创业型专业教师的培养，如针对专业师资开展 KAB、SYB 等创业培训课程。还应设立创新创业学院，加大对专业创业师资培养。

（4）建设合作信息网，提供一个三方交流平台，让政府、企业与学校能够有效沟通。

3. 企业：融合的参与者

在创新创业创造教育与专业教育融合的三螺旋结构当中，企业是非常重要的参与者，也是创新创业创造教育的间接受益者。

企业是重要的用人单位，是人才的重要吸纳方，因此，能够参与人才培养的过程对于企业来讲有一定积极意义。与高校和政府相比，企业有其特有的优势，如有创业经营的经验、创业实践人才、有真实的创业场所。因此，高校可以聘请企业家或者企业中一些中高层管理者到学校任兼职教师。此外，企业可以为高校教师提供顶岗实践机会，还可以给学生提供实训场所，了解真实的企业经营过程。

十、素质教育理论

20世纪80年代，素质教育的热潮开始在我国教育界涌动，经历了萌芽、实验推广和全面推进等阶段的发展演变。1985年5月，中共中央作出《关于教育体制改革的决定》，提出教育体制改革的根本目的是提高国民素质，多出人才、出好人才。[28]

（一）素质教育定义

所谓素质教育，就是通过科学教育途径，充分发掘人的天赋条件，提高人的各种素质水平，并且使其得到全面、充分、和谐发展的教育。简而言之，素质教育就是全面提高与发展人的素质的教育。

（二）素质教育内容

素质教育的内容结构包括以下三方面：

（1）以学生的先天禀赋为基础，进行生理素质教育潜能的开发。

（2）进行学生健康的心理品质的培养。

（3）将人类的文化成果（主要是精神文化，包括道德、科学、艺术等方面）通过环境和教育内化为学生认知结构，进行文化素质教育。

（三）素质教育内涵

21世纪是知识经济时代，创新能力逐渐成为一个国家综合国力的象征之一。因此，素质教育的深入研究以及全面推进更加刻不容缓。素质教育的内涵可以从多个角度来解读：

（1）从教育目标的角度来看，素质教育的目的是全面培育和提高教育对象的综合素质，重点培养学生的创新精神和实践能力，使其成为德、智、体、美、劳全面发展的合格公民；

（2）从教育功能角度来看，素质教育依据人和社会发展的需要，以全面提高全体学生的基本素质为根本目的，尊重学生的主体地位和主动精神，并且注重形成人的健全个性。[29]

（3）从素质教育的内涵可以看出，素质教育除了具有基础性特征之外，其最突出的特点即全面性、主体性和发展性。[30]

（4）从学校教育的角度出发，素质教育的内容应包括学生身体素质教育、心理素质教育、科学文化素质教育、道德素质教育、思想素质教育、劳动素质教育和审美素质教育七个方面，它们之间既相对独立，又密切联系，互相促进。

（四）素质教育实施

在教育教学过程中，实施素质教育主要体现在三个方面：

（1）强调学生全体发展。素质教育最根本的要求是要对每一个学生负责，为每一个学生的素质发展创造必要的基础条件，为每个学生提供公平的受教育机会。

（2）强调学生全面发展。人的发展是整体性的，学生的素质包括身体、心理、科学文化、道德、思想、劳动和审美等方面，只有各方面素质都发展的学生，才是全面发展的学生。

（3）强调学生个性发展。由于受教育者先天的遗传因素有差别，加上后天的身心发展与智能发展环境有差别，因而导致其兴趣爱好、个性特长、自我意识等方面存在差别。素质教育重视学生存在的这种差异，从每个学生的实际出发，重视每个学生素质的提高，使每个学生都得到发展，不以简单的标准去划分优劣，鼓励每个学生都能在自己原有的基础上得到发展。个性发展注重开发受教育者的潜能，挖掘和开发学生的创造能力。

（五）素质教育与创新创业教育

不同的时代和社会环境，素质教育被赋予了不一样的历史任务。2015年5月4日，国务院办公厅下发了《关于深化高等教育创新创业教育改革的实施意见》（国办发〔2015〕36号），明确指出在全面贯彻党的教育方针，落实立德树人根本任务的指导思想指引下，坚持创新引领创业、创业带动就业，主动适应经济发展新常态，以推进素质教育为主题，以提高人才培养质量为核心，以创新人才培养机制为重点，以完善条件和政策保障为支撑，促进高等教育与科技、经济、社会紧密结合，加快培养规模宏大、富有创新精神、勇于投身实践的创新创业人才队伍。深化高校创新创业教育改革，树立先进的创新创业教育理念，面向全体、分类施教、结合专业、强化实践，促进学生全面发展，提升人力资本素质，努力造就大众创业、万众创新的生力军。

国务院办公厅《关于进一步支持大学生创新创业的指导意见》（国办发〔2021〕35号）指出：落实立德树人根本任务，立足新发展阶段、贯彻新发展理念、构建新发展格局，坚持创新引领创业、创业带动就业，支持在校大学生提升创新创业能力，支持高校毕业生创业就业，提升人力资源素质，促进大学生全面发展，实现大学生更加充分更高质量就业。

十一、多元智能理论

（一）多元智能理论

多元智能理论（multiple intelligences）是由20世纪80年代美国哈佛大学教育研究院心理发展学家霍华德加德纳（Howard Gardner）提出。多元智能理论认为，每个人有八种主要智能，即语言智能、音乐智能、逻辑数理智能、空间智能、运动智能、内省智能、人际交往智能、自然观察智能，如图2-5所示。每个人每种智能的发展程度因遗传、外部环境和所受教育等因素有所不同，因而学生的优秀智能也呈现出差异性。

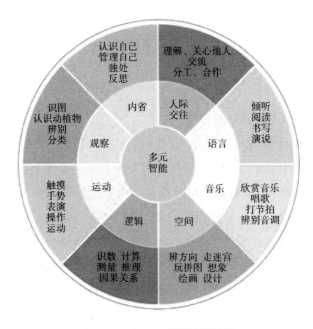

图2-5 多元智能理论示意图

1. 语言智能

指人对语言的掌握和灵活运用听、说、读、写的能力，表现为个人能够顺利而高效地利用语言描述事件、表达思想并与人交流的能力。这种智能在记者、编辑、作家、演说家和政治领袖等人身上有比较突出的表现，例如，由记者转变为演说家、作家和政治领袖的丘吉尔。这是一种与生俱来的口才能力，和知识面无关。

2. 音乐智能

指人的感受、辨别、记忆、改变和表达音乐的能力，具体表现为个人对音乐美感反映出的包含节奏、音准、音色和旋律在内的感知度，以及通过作曲、演奏和歌唱等表达音乐的能力。这种智力在作曲家、指挥家、歌唱家、演奏家、乐器制造者和乐器调音师身上有比较突出的表现，例如音乐天才莫扎特。

3. 逻辑数理智能

指人的运算和推理的能力，表现为对事物间各种关系如类比、对比、因果和逻辑等关系的敏感，以及通过数理运算和逻辑推理等进行思维的能力。它是一种对于理性逻辑思维较显著的智力体现。对数字、物理、几何、化学乃至各种理科高级知识有超常人的表现，是理性的思考习惯者；在侦探、律师、工程师、科学家和数学家身上有比较突出的表现，例如相对论的提出者爱因斯坦。

4. 空间智能

指感受、辨别、记忆、改变物体的空间关系，并借此表达思想和情感的能力，表现为对线条、形状、结构、色彩和空间关系的敏感，以及通过平面图形和立体造型将它们表现出来的能力。同时，对宇宙、时空、维度空间及方向等领域的掌握理解，是更高一层智力的体现，是有较好的理性思维基础习惯为依托的。这种智力在画家、雕刻家、建筑师、航海家、博物学家和军事战略家的身上有比较突出的表现，如画家达·芬奇。

5. 运动智能

指人的身体的协调、平衡能力和运动的力量、速度、灵活性等，表现为能够较好地控制自己的身体，对事件能够做出恰当的身体反应，以及善于利用身体语言表达自己的思想和情感的能力。这种智力在运动员、舞蹈家、外科医生、赛车手和发明家的身上有比较突出的表现，例如美国篮球运动员迈克尔·乔丹。擅长运动方面是这种智力的特点，它能有效地组织协调人的四肢，从而达到有效的运

33

动能量。

6. 内省智能

指个体认识、洞察和反省自身的能力，表现为能够正确地意识和评价自身的情感、动机、欲望、个性、意志，并在正确的自我意识和自我评价的基础上形成自尊、自律和自制的能力。这种智力在哲学家、思想家、小说家等人的身上有比较突出的表现，例如哲学家柏拉图。

7. 人际交往智能

指对他人的表情、说话、手势动作的敏感程度以及对此作出有效反应的能力，表现为觉察、体验他人情绪、情感和意图并据此做出适宜反应的能力。这些人往往具有相当的蛊惑力或煽动性，会是组织的焦点，明星或者政客等。人际交往智能在教师、律师、推销员、公关人员、谈话节目主持人、管理者和政治家等人的身上有比较突出的表现，如美国社会活动家马丁·路德·金。

8. 自然观察智能

指的是观察自然的各种形态对物体进行辨认和分类、能够洞察自然或人造系统的认识世界、适应世界的能力，是一种在自然世界里辨别差异的能力，如植物区系和动物区系、地质特征和气候。对我们自己身处的这个大自然环境的规律认知，如人体构造、季节变化、方向确立、磁极存在，能适应不同环境的生存能力。

每个人都在不同程度上拥有上述八种基本智能，智能之间的不同组合表现出个体间的智能差异。教育的起点不在于一个人有多么聪明，而在于怎样变得聪明，在哪些方面变得聪明。在加德纳教授看来是以能否解决实际生活中的问题和创造出社会所需要的有效的产品的能力为核心，以此作为衡量智力高低的标准的。因此，智能是个体解决实际问题的能力和生产出或创造出具有社会价值的有效的产品的能力。

高职学生往往因为高考分数低，被认为是高考中的失败者，很多学生自己也因此非常自卑，自信心、自我效能感差。这是受传统智力理论影响，对人的智能的狭隘理解。基于多元智能理论，用欣赏的眼光肯定学生的差异性和多元性，充分发挥学生的个性，用多样化的教学方法正确引导和挖掘学生的智能优势，促进学生创新创业创造素质的提高，让每位学生得到各有所长地充分发展。

（二）基于多元智能理论的教育理念

1. 弹性的、多因素组合的智能观

（1）多元智能中的各种智能不是以整合的方式存在，而是相对独立的，各自有着不同的发展规律，并使用不同的符号系统。

（2）因为每个人的智能都有独特的表现方式，每一种智能又有多种表现方式，所以我们很难找到一个适用于任何人的统一的评价标准，来评价一个人的聪明和成功与否。

（3）在正常条件下，只要有适当的外界刺激和个体本身的努力，每一个个体都能发展和加强自己的任何一种智能。人的智力发展受三种因素影响，即先天资质、个人成长经历和个人生存的历史文化背景，三种因素相互影响、相互作用。虽然人的先天资质对智能的类型起决定作用，但智能发展水平的高低更取决于个体后天的历史文化教育活动。

2. 全面的、多样化的人才观

（1）社会的发展需要多样化、层次化和结构化的人才群体。

（2）每个学生都有一种或数种优势智能，只要教育得法，每个学生都能成为某方面的人才，都有可能获得某方面的专长。

（3）传统的智力观和偏重语言、数理逻辑智能培养的教学观与评价观，极大地抑制了多样化人才的培养，放弃了许多人才的潜质开发，必须改变。

（4）人才的培养主要取决于后天的环境和教育作用。

3. 积极的、平等的学生观

（1）每个学生都或多或少具有八种智能中的几种，只是其组合的方式和发挥的程度不同。

（2）每个学生都有自己的优势智能领域，人人拥有一片希望蓝天。

（3）每个学生都具有自己的智能特点、学习风格类型和发展特点。

（4）学校里不存在差生。学生的问题不是聪明与否的问题，而是究竟在哪些方面聪明和怎样聪明的问题。

4. 个性化的因材施教的教学观

（1）每个学生都具有在某一方面或几方面的发展潜力，只要为他们提供了合适的教育和训练，每个学生的相应智能水平就能得到发展。因此，教育应该为学生创设多种多样的，有利于发现、展现和促进各种智能的情景，为学生的学习提供多样化的选择，使学生能扬长避短，激发潜在的智能，充分发展个性。

（2）在注重全面发展学生的各种智能的基础上，更加注重个性的发展，将"全面发展"与"个性发展"有机地统一起来，教学就是要尽可能创设适应学生优势智能发展的条件，使每个学生都能成才。

（3）由于不同的智能领域都有自己独特的发展过程和所依托的不同符号系统，因此不同的教学内容需要运用不同的教学技术，以适应不同的智能特点。

（4）即使是相同的教学内容，针对每个学生的不同智能特点、学习风格和发展方向，教学也应当采用丰富多样的、适应性的、有广泛选择性的教学技术。

5. 多种多样的、以评价促发展的评价观

主张通过多种渠道、采取多种形式、在多种不同的实际生活和学习情景下进行的，切实考查学生解决实际问题的能力和创造出初步产品（精神的、物质的）能力的评价，是一种超越了传统的以标准的智力测验和学生学科成绩考核为重点的评价取向，这种评价观坚持三大评价标准：

（1）必须是智能展示，必须具有发展眼光，必须和学生建议的活动相关联。

（2）主张评价是手段而不是目的，从单一的纸笔测验走向多种多样的作品评价，从重视结果评价走向基于情景化（专题、作业、作品集）的过程评价。

（3）推崇的是一种更自然、对情景更敏感、生态学上更可行的评价方式，评价是双方参与的一项活动。

6. 未来学校观

未来的学校走向是向"以个人为中心的学校"方向发展，这种学校将扮演以下三种典型的角色：

（1）评估专家。

（2）学生——课程代理人。

（3）学校——社区代理人。

多元智能理论认为，这种学校教育最符合多元化、个人化、合作化的社会价值观。而决定教育改革能否成功地向这种学校发展的四大要素是评估、课程、师范教育和教师进修、社区参与。

（三）多元智能理论与创新创业创造教育

基于多元智能理论推进创新创业创造教育人才培养模式，既面向全体学生，又关注个体的差异性，重视学生个性发展，注重学生综合素质，用欣赏的眼光肯定学生的差异性和多元性，充分发挥学生的个性，用多元的手段将创新创业创造教育贯穿学生培养的各个环节，用多样化的教学方法正确引导和挖掘学生的智能优势，培养学生的创新意识，激发学生的创新创业潜能，锻造学生终身学习与发展的能力，提高学生的就业竞争力，促进学生创新创业创造素质的提高，让每位学生得到各有所长地充分发展。为国家培养具有创新精神、创业意识和创新创业创造能力的创新创业型高素质技术技能人才。

第三章　创新创业创造教育与专业教育融合的现状分析

对于高职院校，创新创业创造教育与专业教育的有机融合是提高学生创新意识、创业精神和创造创新创业能力、培养高素质创新技能型人才的必然要求。

为了解创新创业创造教育与专业教育融合的现状，我们通过调查问卷的方式，对二者的融合情况进行了分析。

一、高职院校教师对创新创业创造教育与专业教育融合的认知现状

（一）调查工具

（1）在参照已有研究成果以及对创新创业创造教育与专业教育的基本问题进行解读和文献分析的基础上，调查问卷按照四个维度进行设计：教师对创新创业创造教育认知现状、创新创业创造教育与专业教育的关系、创新创业创造教育课程设置、创新创业创造教育师资力量。调查结果使用 SPSSAU20.0 数据统计工具做出相关分析。

（2）问卷的信度和效度分析。

①信度分析。信度是指测量数据的可靠程度。本调查分析采用的方法是信度检验方法 Cronbach'salpha 系数检验法，对问卷做初步可靠性分析。检验结果见表 3-1，信度系数值为 0.739，大于 0.7，因而说明研究数据信度质量高，可用于进一步分析。

表 3-1　调查问卷信度分析结果

名称	校正项总计相关性（CITC）	项已删除的 α 系数	Cronbach α 系数
您是否具有相关企业从业经历（实践经历），从业（实践）年限是	0.048	0.813	0.739
您对创新创业创造教育有多少了解	0.479	0.712	

续表

名称	校正项总计相关性（CITC）	项已删除的α系数	Cronbach α系数
您对学校开展创新创业创造教育的看法是	0.433	0.719	
您了解学校对创新创业创造教育所做的举措吗	0.501	0.708	
您认为本校的创新创业创造教育课程的安排合理吗	0.617	0.7	
您认为您所在学校创新创业创造教育师资队伍素质情况如何	0.541	0.708	
您认为您所在学校的创新创业创造教育的实施效果如何	0.677	0.694	
您认为创新创业创造教育与专业教育相关联的程度	0.377	0.722	0.739
创新创业创造教育是专业教育的辅助或补充，对于这种说法，您的观点是	0.16	0.747	
创新创业创造教育与专业课程的融合是否有必要改进教学方法	0.217	0.736	
您认为专创融合课程内容比例应如何安排	0.057	0.75	
您认为学校是否有必要将创新创业创造教育与专业教育相融合	0.356	0.725	
您对本校创新创业创造教育与专业教育有机融合度满意吗	0.599	0.7	
您认为您所在学校将创新创业创造教育贯穿于人才培养全过程了吗	0.613	0.697	

②效度分析。本文主要运用 SPSSAU 软件从结构的角度对调查问卷的统计数据进行效度分析，使用 KMO 和 Bartlett 检验进行效度验证，结果见表 3-2：KMO 值为 0.807，大于 0.8，并通过 Bartlett 检验（对应 p 值为 0，小于 0.05），说明研究数据效度非常好，表明问卷具有较高的可靠性和真实性。

表 3-2　调查问卷效度分析结果

名称	因子载荷系数						共同度（公因子方差）
	因子 1	因子 2	因子 3	因子 4	因子 5	因子 6	
您是否是双师型教师	-0.137	0.013	-0.686	-0.021	-0.152	0.233	0.568

续表

名称	因子载荷系数						共同度（公因子方差）
	因子1	因子2	因子3	因子4	因子5	因子6	
您的教龄是	0.012	-0.073	0.847	-0.069	-0.009	0.098	0.737
您的职称是	-0.003	0.031	0.862	0.054	0.054	0.147	0.772
您所研究的领域属于的学科类别	0.07	-0.034	-0.147	-0.182	-0.786	0.093	0.688
您是否具有相关企业从业经历（实践经历），从业（实践）年限是	0.042	-0.088	0.031	0.094	-0.05	0.919	0.867
您对创新创业创造教育有多少了解	0.367	0.321	-0.427	-0.161	0.406	0.222	0.659
您对学校开展创新创业创造教育的看法是	0.263	0.713	0.049	-0.086	0.071	0.001	0.593
您了解学校对创新创业创造教育所做的举措吗	0.468	0.277	-0.35	-0.182	0.341	0.236	0.623
您认为本校的创新创业创造教育课程的安排合理吗	0.796	0.186	-0.027	0.004	0.022	-0.002	0.669
您认为您所在学校创新创业创造教育师资队伍素质情况如何	0.79	0.116	0.018	-0.048	-0.124	0.012	0.656
您认为您所在学校的创新创业创造教育的实施效果如何	0.851	0.171	-0.007	0.048	0.047	0.018	0.759
您认为创新创业创造教育在实践中所属范畴	0.139	0.64	0.068	-0.028	-0.27	0.085	0.514

名称	因子载荷系数						共同度 （公因子方差）
	因子1	因子2	因子3	因子4	因子5	因子6	
您认为创新创业创造教育与专业教育相关联的程度	0.201	0.718	−0.043	−0.014	0.062	−0.047	0.564
您是否同意学生学习本专业知识比学习创新创业创造知识更加重要	0.096	−0.127	0.027	0.79	−0.01	0.037	0.651
创新创业创造教育是专业教育的辅助或补充，对于这种说法，您的观点是	0.081	0.086	−0.003	0.831	0.092	0.043	0.715
您认为学校是否有必要将创新创业创造教育与专业教育相融合	0.076	0.773	−0.066	−0.049	0.1	0.033	0.621
创新创业创造教育与专业课程的融合是否有必要改进教学方法	−0.043	0.677	−0.115	0.112	0.096	−0.156	0.519
您对本校创新创业创造教育与专业教育有机融合度满意吗	0.843	0.072	0.088	0.19	0.012	−0.018	0.761
您认为您所在学校将创新创业创造教育贯穿于人才培养全过程了吗	0.811	0.078	0.019	0.164	0.076	0.052	0.699
您所在的学校是否把创新创业创造成果纳入绩效考核和职称评定中	0.456	0.034	0.117	−0.158	0.415	0.019	0.42

名称	因子载荷系数						共同度（公因子方差）
	因子1	因子2	因子3	因子4	因子5	因子6	
特征根值（旋转前）	4.956	2.534	1.946	1.455	1.135	1.031	—
方差解释率（%）（旋转前）	24.780	12.669	9.729	7.277	5.677	5.154	—
累积方差解释率（%）（旋转前）	24.780	37.450	47.179	54.456	60.133	65.287	—
特征根值（旋转后）	4.09	2.799	2.308	1.54	1.234	1.086	—
方差解释率（%）（旋转后）	20.451	13.993	11.542	7.702	6.170	5.431	—
累积方差解释率（%）（旋转后）	20.451	34.444	45.985	53.687	59.856	65.287	—
KMO值	0.807						—
巴特球形值	2254.16						—
df	190						—
p值	0						—

（二）高职教师调研样本

高职教师创新创业创造教育与专业教育融合现状调研，共调研了314位教师，其中教龄2年以下的占8.92%，2~5年的占15.61%，6~10年的占12.1%，11~20年的占38.85%，20年以上的占24.52%，如图3-1所示。被调研的高职教师中，具有教授职称的占9.24%、副教授（高级讲师）职称的占29.62%、讲师职称的占35.35%、助教职称的占25.8%，如图3-2所示。

在调研的教师中，有69.11%的双师型教师，如图3-3所示。教师研究领域属于的学科类别情况为：哲学占0.32%、经济学占5.41%、法学占2.23%、工学占35.35%、理学占12.74%、文学占2.55%、历史学占0.64%、教育学占14.01%、农学占2.23%、管理学占17.83%、艺术学占6.69%，如图3-4所示。

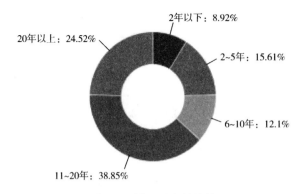

图 3-1　被调研者教龄情况

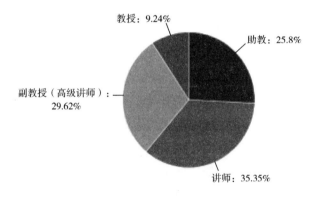

图 3-2　被调研者职称情况

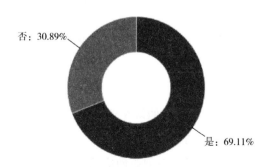

图 3-3　被调研者双师型教师情况

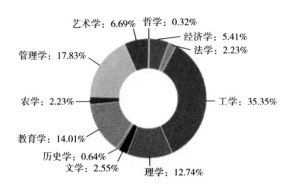

图3-4　被调研者研究的领域情况

在调研的教师中，具有相关企业从业经历（实践经历），从业（实践）年限情况为：1年以下的占28.66%、1~3年的占22.29%、3~5年的占9.87%、5~10年的占8.6%、10年以上的占6.37%，没有相关企业从业经历（实践经历）的占24.2%，如图3-5所示。

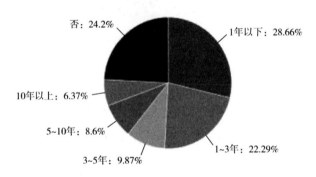

图3-5　被调研者从业（实践）年限情况

在调研的教师中，所教授的专业的词频图如图3-6所示；所在学校的词频图如图3-7所示。

（三）教师对创新创业创造教育的认知现状

1. 对创新创业创造教育的了解

在被调研的高职教师中，对创新创业创造教育非常了解的占6.05%、比较了解的占32.17%、一般了解的占44.27%，总计占82.49%的高职教师对三创有一些了解；但对创新创业创造教育不太了解的占15.92%、完全不了解的占1.59%，

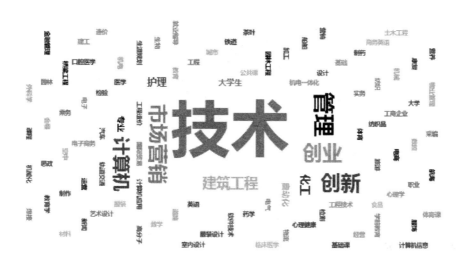

图 3-6　被调研者所教授的专业词频图

图 3-7　被调研者所在学校词频图

这个比例总计占 17.51%，这个比例在当今时代还是比较多的，如图 3-8 所示。

　　针对"您对创新创业创造教育有多少了解"，结合"二八原则"进行帕累托图（图 3-9）分析可知：一般、比较了解共 2 项为"至关重要项"，该 2 项累计占比为 76.43%。除此之外，不太了解、非常了解、完全不了解共 3 项为"微不足道项"，该 3 项累计占比为 23.57%。

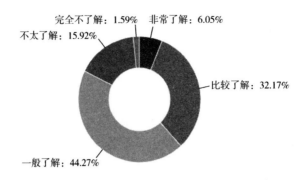

图3-8 被调研者对创新创业创造教育的了解程度

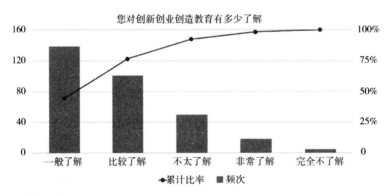

图3-9 被调研者对创新创业创造教育了解程度的帕累托图

从表3-3可知,利用卡方检验(交叉分析)研究高职教师教龄与对创新创业创造教育了解程度的差异关系,二者呈现显著性($p<0.05$),意味着不同高职教师的教龄与对创新创业创造教育了解程度呈现出差异性。

表3-3 高职教师教龄与对创新创业创造教育了解程度的卡方分析结果

题目	名称	教龄人数/占比(%)					总计	χ^2	p
		2年以下	2~5年	6~10年	11~20年	20年以上			
您对创新创业创造教育有多少了解	非常了解	1/5.26	1/5.26	3/15.79	4/21.05	10/52.63	19	55.049	0**
	比较了解	5/4.95	15/14.85	6/5.94	46/45.54	29/28.71	101		
	一般了解	9/6.47	20/14.39	20/14.39	58/41.73	32/23.02	139		
	不太了解	11/22.00	13/26.00	6/12.00	14/28.00	6/12.00	50		
	完全不了解	2/40.00	0/0	3/60.00	0/0	0/0	5		
总计		28/8.92	49/15.61	38/12.10	122/38.85	77/24.52	314		

* $p<0.05$ * * $p<0.01$

如图3-10所示，很明显地看出，随着教龄的增加，对创新创业创造教育的了解程度成正比增加趋势。

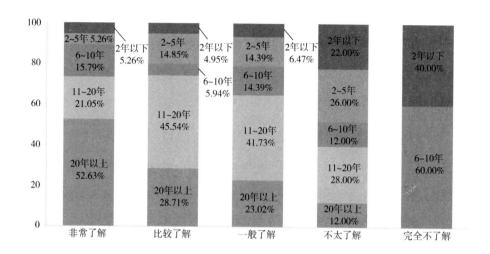

图3-10 高职教师教龄与对创新创业创造教育了解程度的交叉图

2. 对学校开展创新创业创造教育的看法

在被调研的高职教师中，对学校开展创新创业创造教育的看法，认为重要的占86.31%，其中非常重要的占47.77%、比较重要的占38.54%，另外，认为一般的占12.74%、不太重要的占0.96%，如图3-11所示。

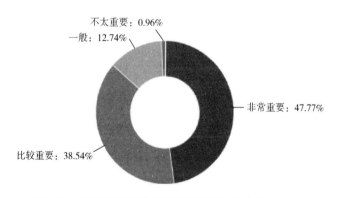

图3-11 高职教师对学校开展创新创业创造教育的看法

针对"您对学校开展创新创业创造教育的看法"，结合"二八原则"进行帕累托图（图3-12）分析可知：非常重要1项为"至关重要项"，该项累计占比为

47.77%。除此之外，比较重要、一般、不太重要共 3 项为"微不足道项"，该 3 项累计占比为 52.23%。

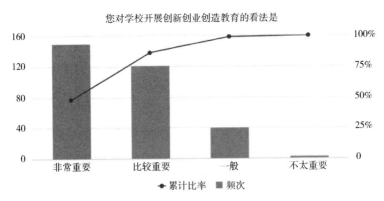

您对学校开展创新创业创造教育的看法是

图 3-12　被调研者对学校开展创新创业创造教育的看法的帕累托图

从表 3-4 可知，利用方差分析去研究高职教师对创新创业创造教育了解程度与对学校开展创新创业创造教育看法的差异性，二者全部呈现出 0.01 水平显著性（$F=9.009$，$p=0$），意味着对创新创业创造教育了解不同与对学校开展创新创业创造教育的看法均有着显著差异性。

表 3-4　高职教师对创新创业创造教育了解程度与对学校开展创新创业
创造教育看法方差分析结果

题目	您对创新创业创造教育有多少了解（平均值±标准差）					F	p
	非常了解（$n=19$）	比较了解（$n=101$）	一般了解（$n=139$）	不太了解（$n=50$）	完全不了解（$n=5$）		
您对学校开展创新创业创造教育的看法是	1.00±0.00	1.50±0.67	1.78±0.69	1.96±0.86	1.80±0.84	9.009	0**

* $p<0.05$　** $p<0.01$

3. 了解学校对创新创业创造教育所做举措情况

关于高职教师了解学校对创新创业创造教育所做举措情况，认为非常了解的占 14.33%、比较了解的占 36.62%、一般了解的占 34.39%、不太了解的占 12.74%、完全不了解的占 1.91%，如图 3-13 所示。

针对"您了解学校对创新创业创造教育所做的举措吗"，结合"二八原则"

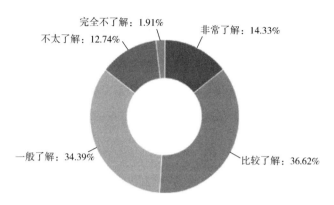

图 3-13 高职教师了解学校对创新创业创造教育所做举措情况

进行帕累托图（图 3-14）分析可知：比较了解、一般共 2 项为"至关重要项"，该 2 项累计占比为 71.02%。除此之外，非常了解、不太了解、完全不了解共 3 项为"微不足道项"，该 3 项累计占比为 28.98%。

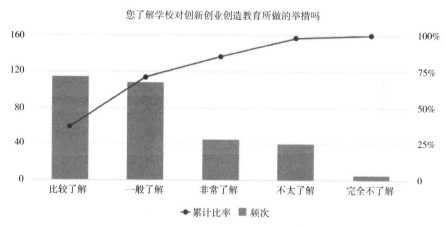

图 3-14 被调研者了解学校对创新创业创造教育所做举措情况的帕累托图

从表 3-5 可知，利用卡方检验（交叉分析）去研究高职教师了解学校对创新创业创造教育所做举措情况与对创新创业创造教育了解程度的差异关系，二者呈现出显著性（$p<0.05$），意味着了解学校对创新创业创造教育所做举措情况与对创新创业创造教育了解程度呈现出差异性。由图 3-15 可以看出，越了解学校对创新创业创造教育所做举措，则就越了解创新创业创造教育。

表 3-5　高职教师了解学校对创新创业创造教育所做举措情况

与对创新创业创造教育了解程度的卡方分析结果

题目	名称	您了解学校对创新创业创造教育所做的举措吗（%）					总计	χ^2	p
		非常了解	比较了解	一般了解	不太了解	完全不了解			
您对创新创业创造教育有多少了解	非常了解	15(78.95)	4(21.05)	0(0)	0(0)	0(0)	19	352.121	0**
	比较了解	22(21.78)	62(61.39)	16(15.84)	1(0.99)	0(0)	101		
	一般了解	8(5.76)	46(33.09)	68(48.92)	16(11.51)	1(0.72)	139		
	不太了解	0(0)	3(6.00)	24(48.00)	22(44.00)	1(2.00)	50		
	完全不了解	0(0)	0(0)	0(0)	1(20.00)	4(80.00)	5		
总计		45(14.33)	115(36.62)	108(34.39)	40(12.74)	6(1.91)	314		

* $p<0.05$　** $p<0.01$

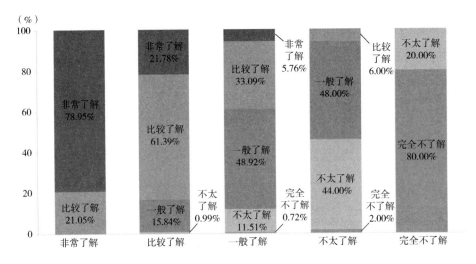

图 3-15　高职教师了解学校对创新创业创造教育所做举措情况与

对创新创业创造教育了解程度的交叉图

4. 创新创业创造教育在实践中所属范畴

关于创新创业创造教育在实践中所属范畴的调查，认为创新创业创造教育属于学生全面发展的重要组成部分的占 73.89%，属于专业教育的补充的占 14.01%，属于毕业服务工作的占 7.96%，认为很难定位的占 4.14%，如图 3-16 所示。

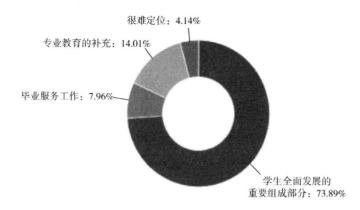

图 3-16　创新创业创造教育在实践中所属范畴情况

5. 开展创新创业创造教育的形式

关于开展创新创业创造教育的形式的调查，如图 3-17 所示，高职教师普遍认为开展创新创业创造教育应该配备双创导师，全方位指导（71.02%）、开展社会实践（参观创业企业、参加创业企业的实习项目等）（69.75%）；此外，还需要成立大学生创新创业工作室，师生共创（58.28%）、参加"互联网+""创青

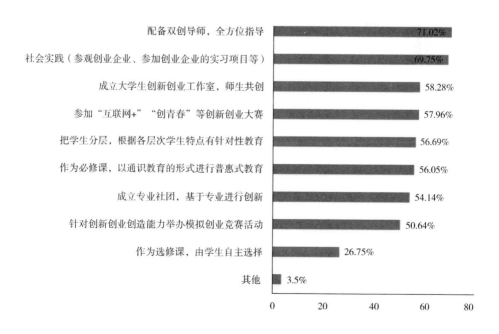

图 3-17　开展创新创业创造教育的形式

春"等创新创业大赛（57.96%）；把学生分层，根据各层次学生特点有针对性教育（56.69%）；作为必修课，以通识教育的形式进行普惠式教育（56.05%）；成立专业社团，基于专业进行创新（54.14%）、针对创新创业创造能力举办模拟创业竞赛活动（50.64%）；仅有26.75%的高职教师选择了作为选修课，由学生自主选择，这充分说明高职教师认识到了创新创业创造教育的重要性。

（四）课程设置

1. 学校开设创新创业创造教育课程的性质

在被调研的高职教师所属院校中，以公共必修课来开设创新创业创造教育课程的学校占42.36%，以公共选修课开设的学校占12.1%，以公共必修+选修开设的学校占21.34%，以实践课开设的学校占11.78%，以其他形式开设的学校占12.42%。概括起来，能把创新创业创造教育课程作为公共必修课的学校占63.7%，如图3-18所示。由此可见，还有36.3%的学校没有达到国务院办公厅《关于全面深化高等学校创新创业教育改革的实施意见》（国办发〔2015〕36号）中"面向全体学生开发开设研究方法、学科前沿、创业基础、就业创业指导等方面的必修课和选修课，纳入学分管理，建设依次递进、有机衔接、科学合理的创新创业教育专门课程群"的要求。

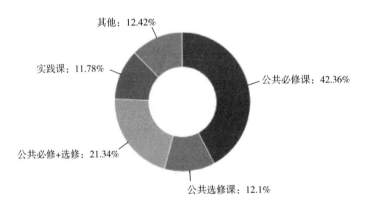

其他：12.42%

实践课：11.78%

公共必修课：42.36%

公共必修+选修：21.34%

公共选修课：12.1%

图3-18　学校开设创新创业创造教育课程的性质情况

针对"您所在学校开设创新创业创造教育课程的性质"，结合"二八原则"进行帕累托图（图3-19）分析可知：公共必修课、公共必修+选修、其他共3项为"至关重要项"，该3项累计占比为76.11%。除此之外，公共选修课、实践课

2 项为"微不足道项"，该 2 项累计占比为 23.89%。

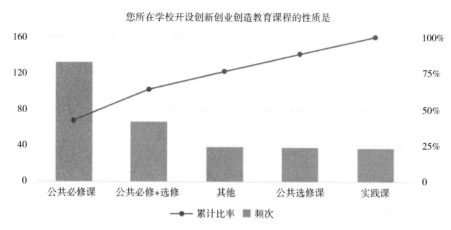

图 3-19　学校开设创新创业创造教育课程性质的帕累托图

2. 学校开设创新创业创造教育课程应包含的知识

在被调研的高职教师中，认为学校开设创新创业创造教育课程应包含的知识的前三位是：创业方向的选择（88.85%）、创新方向的选择（84.08%）、实训实践学习（75.48%）。大家对创业、创新、实践的认可度比较高，如图 3-20 所示。

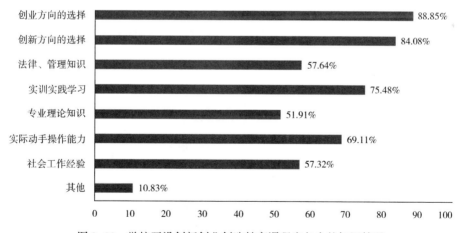

图 3-20　学校开设创新创业创造教育课程应包含的知识情况

3. 学校的创新创业创造教育课程安排合理度

在被调研的高职教师中，认为学校的创新创业创造教育课程安排合理的占49.36%，其中认为非常合理的占 7.64%，比较合理的占 41.72%；认为不合理的占 9.23%，其中认为很不合理的占 1.27%，不太合理的占 7.96%，这些教师对课程安排不满意，这需要引起特别关注。如图 3-21 所示。

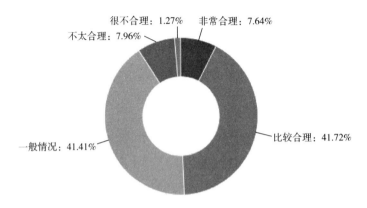

图 3-21　学校的创新创业创造教育课程安排合理度情况

（五）创新创业创造教育与专业教育的关系

1. 创新创业创造教育与专业教育相关联的程度

调研发现，认为有关联的占 97.14%，其中认为创新创业创造教育与专业教育密切关联的占 43.95%，较多关联的占 33.76%，一般关联的占 19.43%；仅有 2.87% 的认为较少关联或没有关联，这部分人占的比较极少，可以忽略。绝大多数人都认识到了创新创业创造教育与专业教育关联度，如图 3-22 所示。

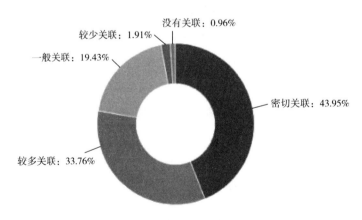

图 3-22　创新创业创造教育与专业教育关联程度

针对"您认为创新创业创造教育与专业教育相关联的程度"，结合"二八原则"进行帕累托图（图3-23）分析可知：密切关联、较多关联2项为"至关重要项"，该2项累计占比为77.71%。除此之外，一般关联、较少关联、没有关联3项为"微不足道项"，该3项累计占比为22.29%。

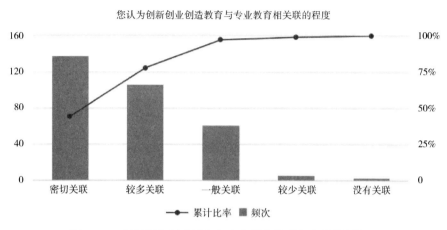

图3-23 创新创业创造教育与专业教育关联程度的帕累托图

2. 学习本专业知识比学习创新创业创造知识更加重要

调研发现，认可学习本专业知识比学习创新创业创造知识更加重要的占67.84%，其中完全同意的占18.79%、比较同意的占25.8%、基本同意的占23.25%，这说明多数高职教师仍然感觉学生学习本专业知识更加重要，仍然没有认识到高职学生全面发展、高素质发展的重要性；不过，还是发现有32.16%的被调查者不这么认为，其中不太同意的占28.34%，完全不同意的占3.82%。如图3-24所示。

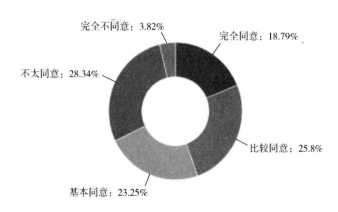

图3-24 对学习本专业知识比学习创新创业创造知识更加重要的看法

3. 创新创业创造教育是专业教育的辅助或补充

调研发现，认为创新创业创造教育是专业教育的辅助或补充说法的占81.85%，其中完全同意的占25.48%、比较同意的占33.12%、基本同意的占23.25%，由此可见，绝大多数高职教师感觉创新创业创造教育仍然是专业教育的辅助或补充，而不是与专业教育同等重要；同时，也看到还是有18.15%的被调查者不这么认为，其中不太同意的占15.92%、完全不同意的占2.23%，他们认识到了创新创业创造教育的重要性，不仅仅是专业教育的辅助或补充。如图3-25所示。

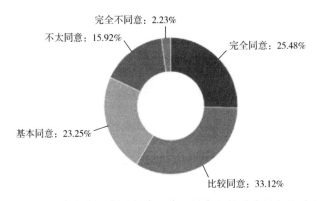

图3-25 对创新创业创造教育是专业教育的辅助或补充的看法

4. 专创融合课程内容比例安排

从调研的结果发现，认为专业与双创内容应有机融合的占77.71%，达到了2/3以上，这说明了高职教师对专创有机融合的渴望和认可；其他情况依次为：认为应以专业课为主的占14.97%，应以双创课为主的占6.05%，比例相同的占0.32%，无所谓的占0.96%。如图3-26所示。

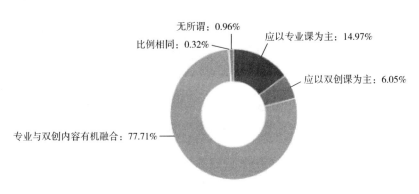

图3-26 对专创融合课程内容比例安排的情况

针对"您认为专创融合课程内容比例应如何安排",结合"二八原则"进行帕累托图(图3-27)分析可知:专业与双创内容有机融合1项为"至关重要项",该项累计占比为77.71%。除此之外,应以专业课为主、应以双创课为主、无所谓、比例相同4项为"微不足道项",该4项累计占比为22.29%。

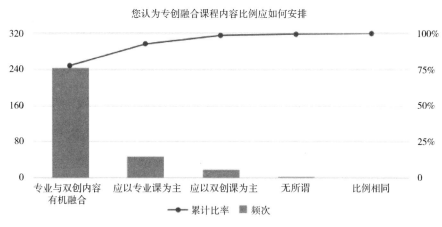

图3-27　对专创融合课程内容比例安排的帕累托图

5. 创新创业创造教育与专业教育相融合的必要性

从调研的结果发现,认为学校有必要将创新创业创造教育与专业教育相融合的占89.81%,其中认为非常有必要的占54.46%、比较有必要的占35.35%,绝大多数的高职教师已经认识到专创融合的必要性;认为一般的占9.55%、可有可无的占0.64%,这部分未认识到专创融合必要性的高职教师仅占了很小一部分,但也不能忽视,需要从培训、制度等方面去督促。如图3-28所示。

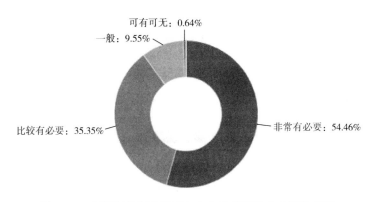

图3-28　创新创业创造教育与专业教育相融合必要性情况

6. 创新创业创造教育与专业教育融合的有效方式

从调研的结果发现，认为最为有效的四种方式是：校企合作、产学研一体化（78.66%），开展大学生创业教育实践活动（77.71%），教师在专业课程中突出和渗透创新创业教育（77.07%），开展形式多样的课外创业活动（75.8%）。除此之外，选择优化专业人才培养方案的高职教师占到58.6%。如图3-29所示。

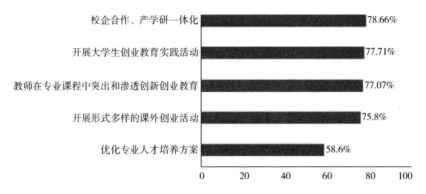

图 3-29　创新创业创造教育与专业教育融合的有效方式

7. 创新创业创造教育与专业教育融合存在的困难

从调研的结果发现，认为创新创业创造教育与专业教育融合存在的最主要的困难是：缺乏创业师资队伍（78.98%），与企业之间的创业交流较少（77.71%），与专业教育结合不紧密、不利于专业创业（69.75%），社会提供的创业实践较少（60.19%）；除此之外，学生参与创业热情和积极性不高（43.31%）也是目前存在的一个困难。如图3-30所示。

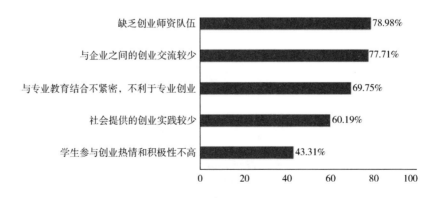

图 3-30　创新创业创造教育与专业教育融合存在的困难情况

8. 创新创业创造教育与专业课程融合改进教学方法的必要性

从调研的结果发现，认为创新创业创造教育与专业课程的融合有必要改进教学方法的占 92.99%，其中认为完全有必要的占 53.5%、比较有必要的占 39.49%，改进教学方法已经得到绝大多数高职教师的认同；另外，认为一般的占 6.37%，可有可无的仅占 0.32%，完全无必要的也仅占 0.32%。如图 3-31 所示。由此可见，在高职院校进行教学方法改革势在必行。

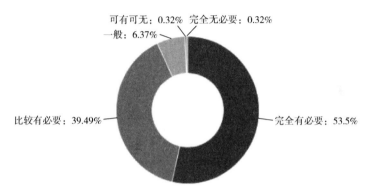

图 3-31　创新创业创造教育与专业课程融合改进教学方法的必要性情况

针对"创新创业创造教育与专业课程的融合是否有必要改进教学方法"，结合"二八原则"进行帕累托图（图 3-32）分析可知：完全有必要 1 项为"至关重要项"，该项累计占比为 53.50%。除此之外，比较有必要、一般、可有可无、完全无必要 4 项为"微不足道项"，该 4 项累计占比为 46.50%。

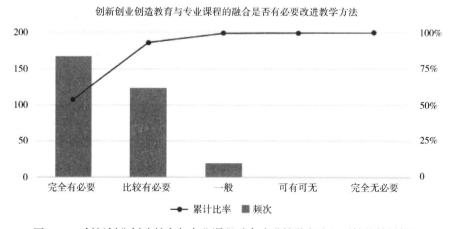

图 3-32　创新创业创造教育与专业课程融合改进教学方法必要性的帕累托图

使用 Pearson 相关去分析学校是否有必要将创新创业创造教育与专业教育相融合和创新创业创造教育与专业课程的融合是否有必要改进教学方法之间的相关关系，二者之间的相关系数值为 0.489，并且呈现出 0.01 水平的显著性，因而说明学校是否有必要将创新创业创造教育与专业教育相融合和创新创业创造教育与专业课程的融合是否有必要改进教学方法之间有着显著的正相关关系。如表 3-6、图 3-33 所示。

表 3-6　学校是否有必要将创新创业创造教育与专业教育相融合和创新创业创造教育与专业课程的融合是否有必要改进教学方法之间的相关关系

题目	名称	学校是否有必要将创新创业创造教育与专业教育相融合
创新创业创造教育与专业课程的融合是否有必要改进教学方法	相关系数	0.489**
	p 值	0

* $p<0.05$　** $p<0.01$

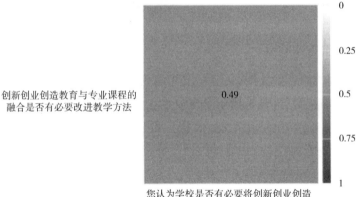

创新创业创造教育与专业课程的融合是否有必要改进教学方法

您认为学校是否有必要将创新创业创造教育与专业教育相融合

图 3-33　学校是否有必要将创新创业创造教育与专业教育相融合和创新创业创造教育与专业课程的融合是否有必要改进教学方法之间的相关可视化图

9. 专业课程的创新创业创造教育应采用的教学方法

从调研的结果发现，专业课程的创新创业创造教育应采用的教学方法排在前五位的是：项目引导参与式（83.76%）、任务驱动法（70.38%）、头脑风暴（63.69%）、案例教学（63.06%）、启发互动式（62.1%）；除此之外，其他的教学方法为：问题探究式（57.96%）、分组讨论式（55.73%）、模拟教学（48.09%）、角色扮演（46.82%）；仅有 9.55% 的被调研者认为还是采用传统授课教学方法。

如图 3-34 所示。

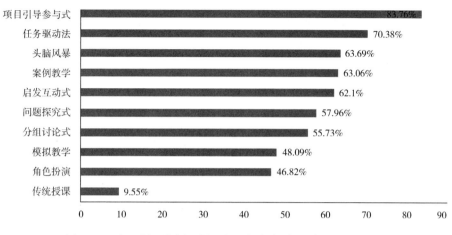

图 3-34　专业课程的创业创业创造教育应采用的教学方法情况

10. 推进创新创业创造教育与专业教育融合的有效措施

调研结果表明，推进创新创业创造教育与专业教育融合的最有效的四个措施是：搭建创业创新实践训练平台（84.08%）、结合创业大赛开展学生创业项目孵化（74.2%）、开设"所学专业+创业"试点班（72.61%）、邀请企业和创业成功人士参与课堂教学（71.66%），这些措施主要是创新创业实践与创新创业教育；除此之外，还有修订人才培养方案（67.83%）和在专业课程中渗透创新创业教育（64.97%）。如图 3-35 所示。

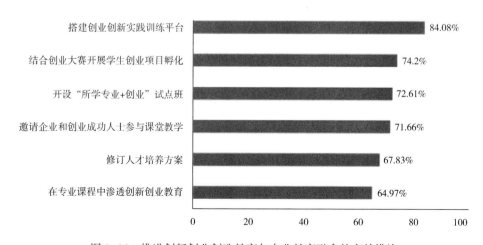

图 3-35　推进创新创业创造教育与专业教育融合的有效措施

11. 创新创业创造教育与专业教育有机融合度

从调研结果可以看到，满意的占 40.44%，其中非常满意的占 7.64%、比较满意的占 32.8%；感觉一般的占 44.9%；不满意的占 14.65%，其中不太满意的占 13.38%、完全不满意的占 1.27%。有 2/3 的高职教师对现在的创新创业创造教育与专业教育有机融合不是太满意，认为还有更多的工作要做。如图 3-36 所示。

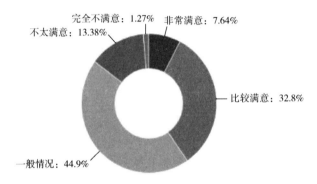

图 3-36　创新创业创造教育与专业教育有机融合度情况

针对"您对本校创新创业创造教育与专业教育有机融合度满意吗"，结合"二八原则"进行帕累托图（图 3-37）分析可知：一般情况、比较满意 2 项为"至关重要项"，该 2 项累计占比为 77.71%。除此之外，不太满意、非常满意、完全不满意 3 项为"微不足道项"，该 3 项累计占比为 22.29%。

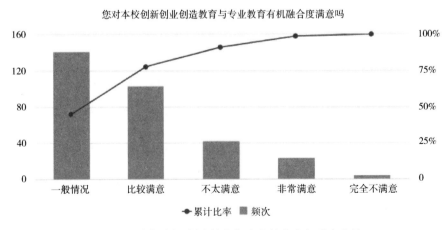

图 3-37　创新创业创造教育与专业教育有机融合度的

12. 创新创业创造教育贯穿于人才培养全过程情况

从调研结果可以看到，认为做到了创新创业创造教育贯穿于人才培养全过程的占 40.45%，其中认为完全做到了的占 5.1%、基本做到了的占 35.35%；认为部分做到了的占 36.62%；认为没有做到创新创业创造教育贯穿于人才培养全过程的占 22.93%，其中认为很少做到的占 21.66%、完全没有做的占 1.27%。如图 3-38 所示。

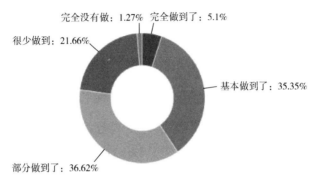

图 3-38　创新创业创造教育贯穿于人才培养全过程情况

利用卡方检验（交叉分析）研究创新创业创造教育与专业教育有机融合度与创新创业创造教育贯穿于人才培养全过程的差异关系，从表 3-7 可以看出：不同创新创业创造教育与专业教育有机融合度满意样本对于创新创业创造教育贯穿于人才培养全过程呈现出显著性（$p<0.05$），意味着不同创新创业创造教育与专业教育有机融合度满意样本对于创新创业创造教育贯穿于人才培养全过程均呈现出差异性。

表 3-7　创新创业创造教育与专业教育有机融合度与创新创业
创造教育贯穿于人才培养全过程的差异关系

题目	名称	您对本校创新创业创造教育与专业教育有机融合度满意吗（%）					总计	χ^2	p
		非常满意	比较满意	一般情况	不太满意	完全不满意			
您认为您所在学校将创新创业创造教育贯穿于人才培养全过程了吗	完全做到了	9(56.25)	7(43.75)	0(0)	0(0)	0(0)	16	388	0**
	基本做到了	11(9.91)	74(66.67)	24(21.62)	2(1.80)	0(0.00)	111		
	部分做到了	3(2.61)	22(19.13)	77(66.96)	12(10.43)	1(0.87)	115		
	很少做到	1(1.47)	0(0)	40(58.82)	27(39.71)	0(0.00)	68		
	完全没有做	0(0)	0(0)	0(0)	1(25.00)	3(75.00)	4		
总计		24(7.64)	103(32.80)	141(44.90)	42(13.38)	4(1.27)	314		

　　* $p<0.05$　　** $p<0.01$

(六）师资力量

1. 学校承担创新创业创造教育课程的教师

在被调研的高职教师中，承担创新创业创造教育课程的教师排在前三位是专业教师（56.05%）、辅导员（55.73%）、双创教师（50.96%）；除此之外，负责学生工作、招生就业的老师占44.9%、外部邀请的专业人士占29.62%、商科类教师占14.97%。双创教师作为专职创新创业创造的教师，担任课程教学是应当的，但也看到，由于课程为必修课，现有的双创教师严重不足，需要专业教师、辅导员来承担课程。如图3-39所示。

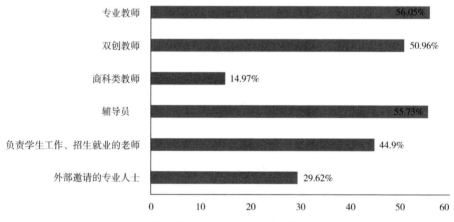

图3-39 学校承担创新创业创造教育课程的教师情况

2. 学校创新创业创造教育师资队伍素质

在对学校创新创业创造教育师资队伍素质调研中，素质较高、结构合理的仅占27.71%；认为素质一般的占近70%，其中实际经验教师缺乏的占49.36%，多为兼职教师的占20.38%；认为整体素质较差的占2.55%。总体分析来看，目前创新创业创造教育师资队伍素质整体水平不高，需要为创新创业学院配备专门的素质比较高的创新创业创造教育师资，这也有利于把创新创业创造教育推向更加深入。如图3-40所示。

3. 有利于提高教师专创融合教育能力的方式

在对有利于提高教师专创融合教育能力的方式调研中，最有利于提高教师专创融合教育能力的方式有参与企业项目（78.98%）、参加三创师资培训（77.07%）、指导学生三创比赛（65.61%）；其次，利于提高教师专创融合教育

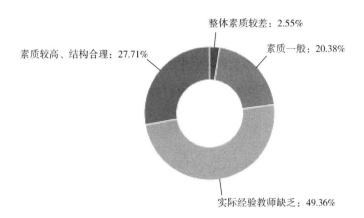

整体素质较差：2.55%

素质较高、结构合理：27.71%

素质一般：20.38%

实际经验教师缺乏：49.36%

图3-40　学校创新创业创造教育师资队伍素质情况

能力的方式还有教学经验交流（58.28%）、研究专业课题（51.27%）、组织学生三创活动（49.68%）、参加教师比赛（42.36%）。如图3-41所示。

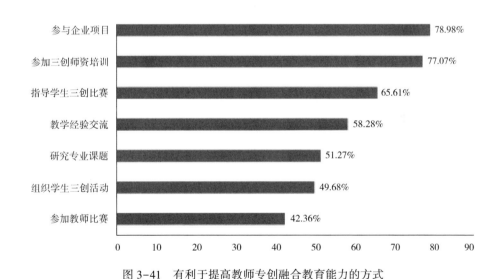

图3-41　有利于提高教师专创融合教育能力的方式

（七）实施效果

1. 学校创新创业创造教育的实施效果

在被调研的高职教师中，认为学校的创新创业创造教育的实施效果非常好的占10.51%，比较好占31.21%，总计认为好的占41.72%；认为一般的占49.36%，不太好的占8.28%，很差的占0.64%，认为一般及较差的占到近六成。调查数据表明，目前学校的创新创业创造教育实施效果还有很大的进步空间。如图 3-42 所示。

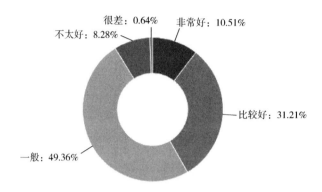

图 3-42　学校创新创业创造教育的实施效果情况

针对"您认为您所在学校的创新创业创造教育的实施效果如何"，结合"二八原则"进行帕累托图（图 3-43）分析可知：一般这 1 项为"至关重要项"，该项累计占比为 49.36%。除此之外，比较好、非常好、不太好、很差共 4 项为"微不足道项"，该 4 项累计占比为 50.64%。

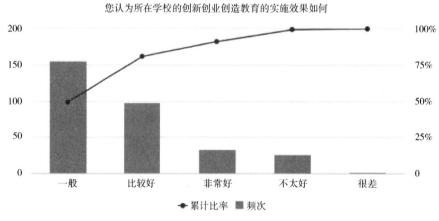

图 3-43　学校创新创业创造教育的实施效果的帕累托图

2. 学校创新创业创造教育实施效果较差的原因

经过调研，当前创新创业创造教育效果不好的主要原因排在前三的是：学校创新创业方面的师资力量不足（70.38%）、创新创业理念滞后，与社会衔接不够

（57.01%）、缺乏高质量的创业孵化基地（52.23%）；除此之外，还有缺乏完备的制度管理体系（45.22%）、激励政策不够完善（42.68%）、支持经费有限（40.76%）、各学院重视程度不够，宣传力度不够（35.03%）创新创业比赛的形式单一（33.44%）、教材编排不当，内容脱离学生实际需求（26.11%）等。如图3-44所示。

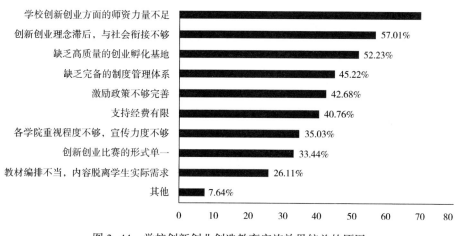

图3-44 学校创新创业创造教育实施效果较差的原因

二、高职院校大学生对创新创业创造教育与专业教育融合的认知现状

（一）调查工具

在参照已有研究成果以及对创新创业创造教育与专业教育的基本问题进行解读和文献分析的基础上，调查问卷按照五个维度进行设计：大学生对创新创业创造教育认知现状、创新创业创造教育与专业教育、创新创业创造教育师资力量、创新创业创造教育课程、创新创业创造教育实践。调查结果使用SPSSAU20.0数据统计工具做出相关分析。

（二）高职学生调研样本

高职学生创新创业创造教育与专业教育融合现状调研针对济南工程职业技术学院全校学生进行，共收到调研样本7332份，其中男生占57.88%，女生占42.12%；有44.57%的在读一年级学生，34.56%的在读二年级学生，20.87%的在读三年级学生。如图3-45、图3-46所示。

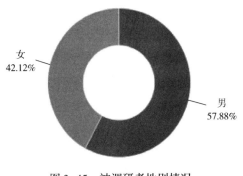

图 3-45　被调研者性别情况

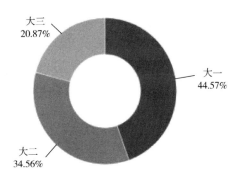

图 3-46　被调研者所在年级情况

(三) 高职学生对创新创业创造教育的总体认知

1. 问卷的信度和效度分析

（1）信度分析。本文采用的方法是信度检验方法 Cronbach' salpha 系数检验法，对问卷做初步可靠性分析。检验结果见表 3-8：信度系数值为 0.85，大于0.8，因而说明研究数据信度质量高，可用于进一步分析。针对"CITC 值"，分析项的 CITC 值均大于 0.4，说明分析项之间具有良好的相关关系，同时也说明信度水平良好。综上所述，研究数据信度系数值高于 0.8，综合说明数据信度质量高，可用于进一步分析。

表 3-8　调查问卷信度分析结果

名称	校正项总计相关性 （CITC）	项已删除的 α 系数	Cronbach α 系数
您对创新创业创造教育的了解程度	0.662	0.823	0.85
您对学校开展创新创业创造教育的看法	0.671	0.819	
您对学校创新创业创造教育所做举措的了解程度	0.758	0.779	
您认为学校的创新创业创造教育的实施效果如何	0.679	0.815	
标准化 Cronbach α 系数：0.852			

（2）效度分析。本文主要运用 SPSSAU 软件从结构的角度对调查问卷的统计数据进行效度分析，分别通过 KMO 值、共同度、方差解释率值，因子载荷系数

值等指标进行综合分析，以验证出数据的效度水平情况。KMO 值用于判断是否有效度，共同度值用于排除不合理研究项，方差解释率值用于说明信息提取水平，因子载荷系数用于衡量因子（维度）和题项对应关系，从表 3-9 可知：所有研究项对应的共同度值均高于 0.4，说明研究项信息可以被有效地提取。另外，KMO 值为 0.753，大于 0.6，意味着数据具有效度。另外，1 个因子的方差解释率值分别是 69.242%，旋转后累积方差解释率为 69.242%，大于 50%。意味着研究项的信息量可以有效地提取出来。因子载荷系数绝对值大于 0.4 时即说明选项和因子有对应关系。

通过 Bartlett 检验（对应 p 值为 0，小于 0.05），说明研究数据效度较好，表明问卷具有较高的可靠性和真实性。

表 3-9　调查问卷效度分析结果

名称	因子载荷系数	共同度
	因子 1	（公因子方差）
您对创新创业创造教育的了解程度	0.806	0.65
您对学校开展创新创业创造教育的看法	0.821	0.673
您对学校创新创业创造教育所做举措的了解程度	0.872	0.76
您认为学校的创新创业创造教育的实施效果如何	0.828	0.686
特征根值（旋转前）	2.77	—
方差解释率（%）（旋转前）	69.242	—
累积方差解释率（%）（旋转前）	69.242	—
特征根值（旋转后）	2.77	—
方差解释率（%）（旋转后）	69.242	—
累积方差解释率（%）（旋转后）	69.242	—
KMO 值	0.753	—
巴特球形值	13677.016	—
df	6	—
p 值	0	—

2. 对创新创业创造教育的了解程度

在被调研的高职学生中，对创新创业创造教育非常了解的占 24.06%、比较

69

了解的占 29.66%、一般的占 37.73%，总计占 91.45%的高职学生对三创都有一些了解；但对创新创业创造教育不太了解的占 7.27%、完全不了解的占 1.28%，这个比例总计占 8.55%。如图 3-47 所示。

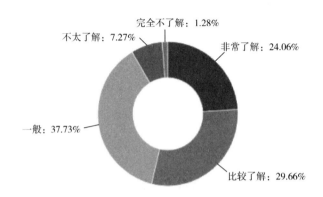

图 3-47　高职学生对创新创业创造教育的了解程度

利用非参数检验去研究所在的年级对于创新创业创造教育的了解程度的差异性，从表 3-10、图 3-48 可以看出：所在的年级超过两组组成，因而使用 Kruskal-Wallis 检验统计量进行分析。所在年级不同样本对于创新创业创造教育的了解程度全部均呈现出 0.01 水平显著性（$p = 0 < 0.01$），意味着不同所在的年级样本对于创新创业创造教育的了解程度均有着显著性差异。

表 3-10　调查问卷非参数检验分析结果

问题	所在的年级中位数 M（P25，P75）			Kruskal-Wallis 检验统计量 H 值	p
	大一（$n = 3268$）	大三（$n = 1530$）	大二（$n = 2534$）		
对创新创业创造教育的了解程度	2.000（1.0，4.0）	4.000（1.0，4.0）	4.000（1.0，5.0）	35.676	0**

* $p < 0.05$　** $p < 0.01$

3. 对学校开展创新创业创造教育的看法

在被调研的高职学生中，认为创新创业创造教育非常重要的占 49.96%，比较重要的占 31.85%，一般的占 16.79%；仅有 1.41%的学生认为不重要，其中认为不太重要的占 0.78%、认为完全不重要的占 0.63%。如图 3-49 所示。

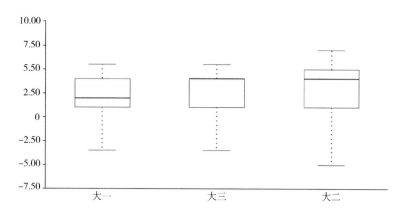

图 3-48　高职学生对创新创业创造教育了解程度的非参数检验分析结果

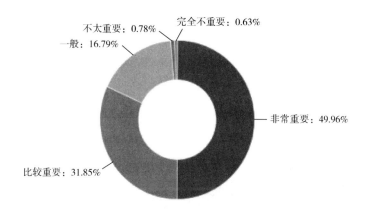

图 3-49　高职学生对学校开展创新创业创造教育的看法

4. 对学校创新创业创造教育所做举措的了解程度

在被调研的高职学生中，认为对学校创新创业创造教育所做举措非常了解的占 28.89%、比较了解的占 30.99%、一般的占 32.88%；仅有 7.24% 的高职学生认为自己对学校创新创业创造教育所做举措不了解，其中认为不太了解的占 6.16%、完全不了解的占 1.08%。如图 3-50 所示。

5. 学校的创新创业创造教育的实施效果

在被调研的高职学生中，认为学校的创新创业创造教育的实施效果好的占 78.84%，其中：非常好的占 46.97%、比较好的占 31.87%；另外，认为学校的创新创业创造教育的实施效果一般的占 19.37%、不太好的占 1.17%、差的占 0.61%。如图 3-51 所示。

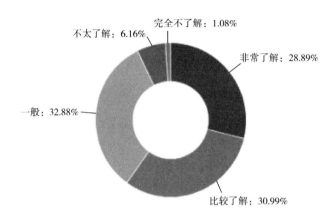

图 3-50　高职学生对学校创新创业创造教育所做举措的了解程度

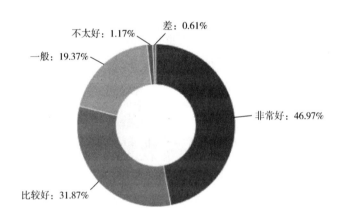

图 3-51　高职学生对学校的创新创业创造教育的实施效果认可度

6. 当前学校创新创业创造教育效果不好的主要原因

在被调研的高职学生中，认为当前学校创新创业创造教育效果不好的最主要的两个原因（图 3-52）：

（1）缺乏完备的管理制度体系（32.5%）；

（2）创新创业创造环境氛围不浓厚（32.2%）；

除此之外，这些原因也需要特别重视：

（3）创新创业创造理念滞后，与社会衔接不够（27.65%）；

（4）各学院重视程度不够，宣传力度不够（24.07%）；

（5）学生创新创业创造意识不强（23.94%）；

（6）支持经费有限（23.85%）；

（7）缺乏个性化培养（21.49%）；

（8）学校创新创业创造方面的师资力量较少（20.59%）；

下面这些原因也需要考虑：

（9）缺乏高质量的创业孵化基地（18.63%）；

（10）创新创业创造比赛的形式单一（18.51%）；

（11）学校用于创新创业创造的场地不足（15.71%）；

（12）创新创业成果缺乏积累与转化（14.27%）；

（13）创新创业创造实践平台不完善（13.27%）；

（14）教材编排不当，内容脱离学生实际需求（9.64%）；

（15）创新创业创造教育各环节不协调（8.32%）。

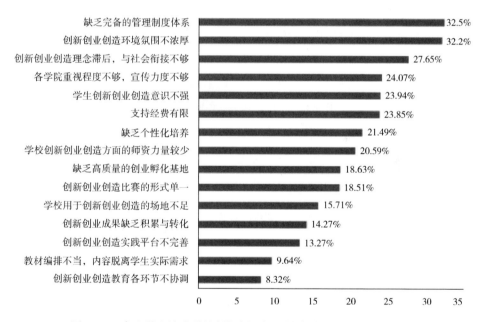

图 3-52　高职学生认为学校创新创业创造教育效果不好的主要原因

7. 学校将创新创业创造教育贯穿于人才培养全过程情况

在被调研的高职学生中，认为学校完全做到了将创新创业创造教育贯穿于人才培养全过程的占 30.84%，绝大部分做到了的占 33.05%，基本做到了的占 27.71%，部分环节做到的占 6.56%，没有做到的占 1.84%。如图 3-53 所示。

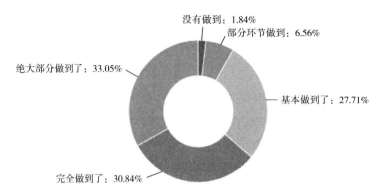

没有做到：1.84%
部分环节做到：6.56%
绝大部分做到了：33.05%
基本做到了：27.71%
完全做到了：30.84%

图3-53　高职学生认为学校将创新创业创造教育贯穿于人才培养全过程情况

（四）创新创业创造教育与专业教育

1. 问卷的信度和效度分析

①信度分析。本文采用的方法是信度检验方法 Cronbach' salpha 系数检验法，对问卷做初步可靠性分析。检验结果见表3-11：信度系数值为0.887，大于0.8，因而说明研究数据信度质量高。针对"项已删除的 α 系数"，任意题项被删除后，信度系数并不会有明显的上升，因此说明题项不应该被删除处理。针对"CITC 值"，分析项的 CITC 值均大于0.4，说明分析项之间具有良好的相关关系，同时也说明信度水平良好。综上所述，研究数据信度系数值高于0.8，综合说明数据信度质量高，可用于进一步分析。

表3-11　调查问卷信度分析结果

名称	校正项总计相关性（CITC）	项已删除的 α 系数	Cronbach α 系数
您认为创新创业创造教育与专业教育相关联的程度	0.474	0.897	
您所在专业课程学习中融合了创新创业创造教学内容	0.763	0.860	
在专业课涉及创新创业创造内容的老师多吗	0.502	0.890	
您对学校创新创业创造教育与专业教育有机融合度满意吗	0.816	0.852	0.887
对于专业课中涉及创新创业创造知识，周围同学积极度如何	0.761	0.871	
您所学专业的专业教学中考核了学生的创新创业创造能力	0.795	0.855	
如果专业要成立三创社团，在专业实验室、工作室进行专创融合的学习、活动、实践，您参加的意愿	0.744	0.862	
标准化 Cronbach α 系数：0.893			

②效度分析。本文主要运用 SPSSAU 软件从结构的角度对调查问卷的统计数据进行效度分析，分别通过 KMO 值，共同度，方差解释率值，因子载荷系数值等指标进行综合分析，以验证出数据的效度水平情况。KMO 值用于判断是否有效度，共同度值用于排除不合理研究项，方差解释率值用于说明信息提取水平，因子载荷系数用于衡量因子（维度）和题项对应关系，从检测结果表 3-12 可知：所有研究项对应的共同度值均高于 0.4，说明研究项信息可以被有效地提取。另外，KMO 值为 0.890，大于 0.6，意味着数据具有效度。另外，3 个因子的方差解释率值分别是 38.704%，16.869%，11.309%，旋转后累积方差解释率为 66.882%，大于 50%。意味着研究项的信息量可以有效地提取出来。因子载荷系数绝对值大于 0.4 时即说明选项和因子有对应关系。

通过 Bartlett 检验（对应 p 值为 0，小于 0.05），说明研究数据效度较好，表明问卷具有较高的可靠性和真实性。

表 3-12　调查问卷效度分析结果

名称	因子载荷系数			共同度
	因子 1	因子 2	因子 3	（公因子方差）
您认为创新创业创造教育与专业教育相关联的程度	0.329	0.776	0.006	0.711
您认为学校是否有必要将创新创业创造教育与专业教育相融合	-0.003	0.896	0.018	0.804
您所在专业课程学习中融合了创新创业创造教学内容	0.840	0.124	-0.080	0.728
您所学专业，有多少专业课程中加入了创新创业创造教育的元素，如专业创新案例、创业案例等	-0.492	-0.403	-0.335	0.517
在专业课涉及创新创业创造内容的老师多吗	0.512	0.401	0.238	0.480
您对学校创新创业创造教育与专业教育有机融合度满意吗	0.837	0.277	-0.007	0.777
对于专业课中涉及创新创业创造知识，周围同学积极度如何	0.857	0.093	-0.023	0.744
在专业教育与创新创业创造教育融合时，老师以什么样的方式来教学	-0.187	-0.015	0.710	0.540
您所学专业的专业教学中考核了学生的创新创业创造能力	0.883	0.086	-0.085	0.795
如果专业要成立三创社团，在专业实验室、工作室进行专创融合的学习、活动、实践，您参加的意愿	0.829	0.111	-0.129	0.716

续表

名称	因子载荷系数			共同度
	因子 1	因子 2	因子 3	（公因子方差）
您知道学校鼓励创新创业创造教育与专业教育融合的机制或措施有哪些	0.036	0.072	0.734	0.546
特征根值（旋转前）	4.787	1.562	1.008	—
方差解释率（%）（旋转前）	43.516	14.203	9.164	—
累积方差解释率（%）（旋转前）	43.516	57.719	66.882	—
特征根值（旋转后）	4.257	1.856	1.244	—
方差解释率（%）（旋转后）	38.704	16.869	11.309	—
累积方差解释率（%）（旋转后）	38.704	55.573	66.882	—
KMO 值	0.890			—
巴特球形值	37576.175			—
df	55			—
p 值	0			—

2. 创新创业创造教育与专业教育相关联的程度

在被调研的高职学生中，认为创新创业创造教育与专业教育应完全关联的占 35.23%，比较关联的占 41.82%，一般的占 19.95%；另外，也有 3% 的高职学生认为不关联，其中认为不太关联的占 2.26%，完全不关联的占 0.74%。如图 3-54 所示。

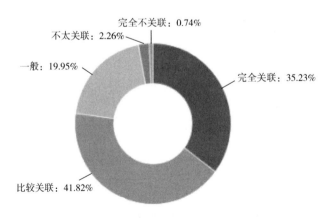

图 3-54　创新创业创造教育与专业教育相关联的程度

3. 学校将创新创业创造教育与专业教育相融合的必要性

在被调研的高职学生中，认为学校完全有必要将创新创业创造教育与专业教育相融合的占44.64%，比较有必要的占35.34%；认为一般的占17.89%；认为可有可无的占1.4%；认为完全没必要的占0.72%。如图3-55所示。

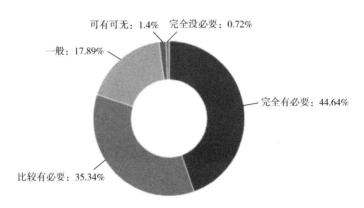

图3-55 学校将创新创业创造教育与专业教育相融合的必要性

从表3-13可知，利用相关分析去研究"您认为创新创业创造教育与专业教育相关联的程度"和"您认为学校是否有必要将创新创业创造教育与专业教育相融合"之间的相关关系，使用Pearson相关系数去表示相关关系的强弱情况。具体分析可知："您认为创新创业创造教育与专业教育相关联的程度"和"您认为学校是否有必要将创新创业创造教育与专业教育相融合"之间的相关系数值为0.538，并且呈现出0.01水平的显著性，因而说明"您认为创新创业创造教育与专业教育相关联的程度"和"您认为学校是否有必要将创新创业创造教育与专业教育相融合"之间有着显著的正相关关系。

表3-13 创新创业创造教育与专业教育相关联程度和
创新创业创造教育与专业教育相融合必要性

问题	名称	您认为创新创业创造教育 与专业教育相关联的程度
您认为学校是否有必要将创新创业创 造教育与专业教育相融合	相关系数	0.538**
	p 值	0

* $p<0.05$ ** $p<0.01$

4. 所在专业课程学习中融合了创新创业创造教学内容

在被调研的高职学生中，认为所在专业课程学习中融合了创新创业创造教学内容说法非常符合的占 37.1%，比较符合的占 35.34%，一般符合的占 23.83%；除此之外，有 2.67% 的高职学生认为不符合，1.06% 的高职学生认为非常不符合。学校的专创融合已经开始去做，有些年级、专业做得比较好，有些年级、专业可能做得不是太好。如图 3-56 所示。

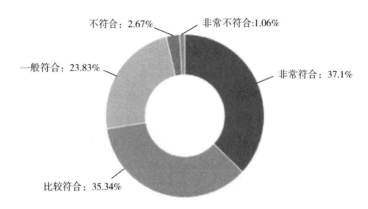

图 3-56　所在专业课程学习中融合了创新创业创造教学内容情况

从表 3-14 可知，利用相关分析去研究"您所在专业课程学习中融合了创新创业创造教学内容"分别和"您所在的年级"之间的相关关系，使用 Pearson 相关系数去表示相关关系的强弱情况。具体分析可知："您所在专业课程学习中融合了创新创业创造教学内容"和"您所在的年级"之间的相关系数值为 0.054，并且呈现出 0.01 水平的显著性，因而说明"您所在专业课程学习中融合了创新创业创造教学内容"和"您所在的年级"之间有着显著的正相关关系。

表 3-14　所在专业课程学习中融合了创新创业创造教学内容和
所在的年级间的 Pearson 相关

问题	名称	您所在专业课程学习中融合了创新创业创造教学内容
您所在的年级	相关系数	0.054**
	p 值	0

* $p < 0.05$　** $p < 0.01$

5. 所学专业，有多少专业课程中加入了创新创业创造教育的元素

在被调研的高职学生中，认为在所学专业中，所有课程中加入了创新创业创

造教育元素的占 28.83%，大部分课程的占 33.4%，有些课程的占 30.61%；还有 5.5% 高职学生认为极少课程加入了创新创业创造教育元素，认为没有课程加入了创新创业创造教育元素的占 1.66%。如图 3-57 所示。

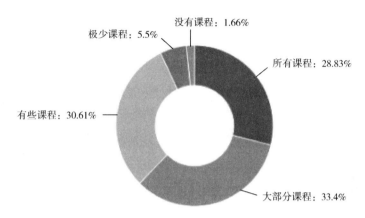

图 3-57　所学专业课程中加入创新创业创造教育元素的情况

6. 老师在专业课涉及创新创业创造内容

在被调研的高职学生中，认为全部都有老师在专业课涉及创新创业创造内容的占 30.99%，大多数老师在专业课涉及创新创业创造内容的占 32.86%，一部分老师在专业课涉及创新创业创造内容的占 30.77%；除此之外也看到，认为没有老师在专业课涉及创新创业创造内容的占 1.87%，还有 3.52% 的高职学生不清楚老师是否在专业课涉及创新创业创造内容。如图 3-58 所示。

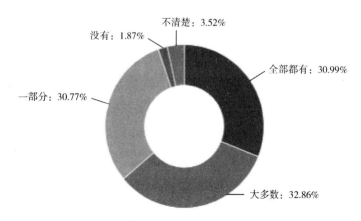

图 3-58　老师在专业课涉及创新创业创造内容的情况

从表 3-15 可知，利用相关分析去研究所在专业课程学习中融合了创新创业创造教学内容分别和在专业课涉及创新创业创造内容的老师之间的相关关系，使用 Pearson 相关系数去表示相关关系的强弱情况。具体分析可知：所在专业课程学习中融合了创新创业创造教学内容和在专业课涉及创新创业创造内容的老师之间的相关系数值为 0.425，并且呈现出 0.01 水平的显著性，因而说明所在专业课程学习中融合了创新创业创造教学内容和在专业课涉及创新创业创造内容的老师之间有着显著的正相关关系。

表 3-15　所在专业课程学习中融合了创新创业创造教学内容和
在专业课涉及创新创业创造内容的老师间的 Pearson 相关

问题	名称	您所在专业课程学习中融合了 创新创业创造教学内容
在专业课涉及创新创业创造内容 的老师多吗	相关系数	0.425＊＊
	p 值	0

＊ $p<0.05$　＊＊ $p<0.01$

7. 学校创新创业创造教育与专业教育有机融合度

在被调研的高职学生中，认为学校创新创业创造教育与专业教育有机融合度非常好的占 41.08%，认为比较好的占 34.94%，认为一般的占 22.03%；同时也看到，还有 1.24% 的高职学生认为学校创新创业创造教育与专业教育有机融合度不太好，0.71% 的认为差。如图 3-59 所示。

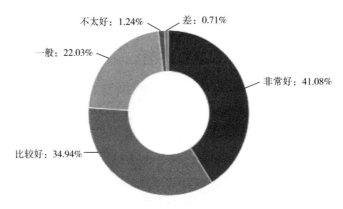

图 3-59　学校创新创业创造教育与专业教育有机融合度满意情况

从表 3-16 可知，利用相关分析去研究所在专业课程学习中融合了创新创业创造教学内容分别和对学校创新创业创造教育与专业教育有机融合度满意之间的相关关系，使用 Pearson 相关系数去表示相关关系的强弱情况。具体分析可知：所在专业课程学习中融合了创新创业创造教学内容和对学校创新创业创造教育与专业教育有机融合度满意之间的相关系数值为 0.684，并且呈现出 0.01 水平的显著性，因而说明所在专业课程学习中融合了创新创业创造教学内容和对学校创新创业创造教育与专业教育有机融合度满意之间有着显著的正相关关系。

表 3-16　所在专业课程学习中融合了创新创业创造教学内容和对学校创新
创业创造教育与专业教育有机融合度满意间的 Pearson 相关

问题	名称	您所在专业课程学习中融合了创新创业创造教学内容
您对学校创新创业创造教育与专业教育有机融合度满意吗	相关系数	0.684 * *
	p 值	0

* $p<0.05$　* * $p<0.01$

8. 周围同学对于专业课中涉及创新创业创造知识的积极度

在被调研的高职学生中，认为周围同学对于专业课中涉及创新创业创造知识非常积极的占 40.97%，认为比较积极的占 35.34%，反应一般的占 20.64%；有 1.43% 的高职学生认为周围同学对于专业课中涉及创新创业创造知识不积极；还有 1.62% 的高职学生不清楚。如图 3-60 所示。

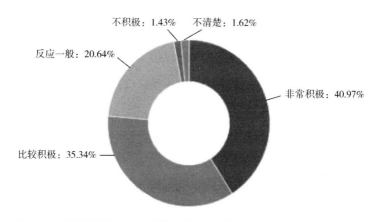

图 3-60　周围同学对于专业课中涉及创新创业创造知识的积极度情况

9. 在专业教育与创新创业创造教育融合时，老师的教学方式

调研发现，在专业教育与创新创业创造教育融合时，老师采用的教学方式排在前两位的是案例教学（67.27%）、项目教学（50.75%）；其次是师生互动（48.73%）、组织竞赛（45.36%）、角色扮演（41.91%）、头脑风暴（40.18%）；还有老师采用了游戏教学（31.07%）、传统教学（20.84%）。如图 3-61 所示。

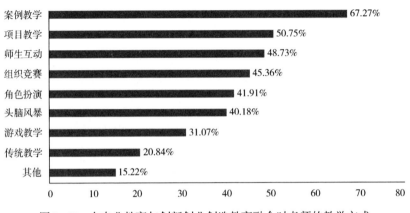

图 3-61　在专业教育与创新创业创造教育融合时老师的教学方式

10. 所学专业的专业教学中考核了学生的创新创业创造能力

在被调研的高职学生中，认为所学专业的专业教学中考核了学生的创新创业创造能力描述非常符合的占 39.1%，比较符合的占 35.41%，一般符合的占 22.65%；还有 2.03% 的高职学生认为不符合，0.8% 的高职学生认为非常不符合。如图 3-62 所示。

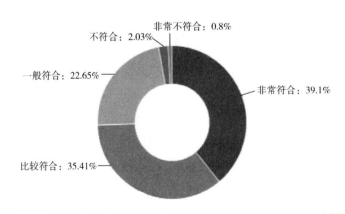

图 3-62　所学专业的专业教学中考核了学生的创新创业创造能力情况

11. 如果专业要成立三创社团，在专业实验室、工作室进行专创融合的学习、活动、实践，参加意愿

在被调研的高职学生中，表示如果专业要成立三创社团，在专业实验室、工作室进行专创融合的学习、活动、实践，非常愿意参加的占 43.63%，比较愿意的占 34.72%；表示一般的高职学生占 19.34%；不太愿意参加的占 1.76%，绝不愿意参加的占 0.55%，如图 3-63 所示。

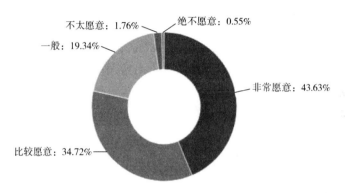

图 3-63　如果专业要成立三创社团，在专业实验室、工作室进行
专创融合的学习、活动、实践，参加意愿情况

12. 学校鼓励创新创业创造教育与专业教育融合的机制或措施

调研发现，目前学校鼓励创新创业创造教育与专业教育融合的机制或措施主要有学分置换（60.42%）、创新创业指导（58.24%），其次为提供创新创业实践机会（48.85%）、资金支持（46.28%）。如图 3-64 所示。

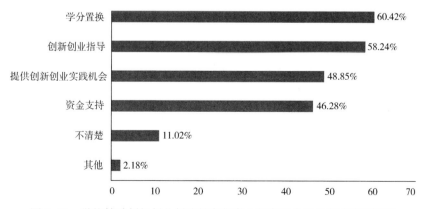

图 3-64　学校鼓励创新创业创造教育与专业教育融合的机制或措施情况

（五）创新创业创造教育师资力量

1. 问卷的信度和效度分析

（1）信度分析。本文采用的方法是信度检验方法 Cronbach' salpha 系数检验法，对问卷做初步可靠性分析。检验结果见表 3-17：信度系数值为 0.856，大于 0.8，因而说明研究数据信度质量高。针对"项已删除的 α 系数"，您认为学校创新创业创造教育师资队伍素质情况如何如果被删除，信度系数会有较为明显的上升，因此可考虑对此项进行修正或者删除处理。针对"CITC 值"，分析项的 CITC 值均大于 0.4，说明分析项之间具有良好的相关关系，同时也说明信度水平良好。综上所述，研究数据信度系数值高于 0.8，综合说明数据信度质量高，可用于进一步分析。

表 3-17　调查问卷信度分析结果

名称	校正项总计相关性（CITC）	项已删除的 α 系数	Cronbach α 系数
您认为学校创新创业创造教育师资队伍素质情况如何	0.662	0.913	
据了解，您所在专业的专业授课教师接受过创新创业创造培训	0.842	0.689	0.856
您所在专业，企业管理人员、创业者参与到课程专业教学中	0.841	0.695	
标准化 Cronbach α 系数：0.877			

（2）效度分析。本文主要运用 SPSSAU 软件从结构的角度对调查问卷的统计数据进行效度分析，分别通过 KMO 值、共同度、方差解释率值、因子载荷系数值等指标进行综合分析，以验证出数据的效度水平情况。KMO 值用于判断是否有效度，共同度值用于排除不合理研究项，方差解释率值用于说明信息提取水平，因子载荷系数用于衡量因子（维度）和题项对应关系，从检测结果表 3-18 可知：所有研究项对应的共同度值均高于 0.4，说明研究项信息可以被有效地提取。另外，KMO 值为 0.699，大于 0.6，意味着数据具有效度。另外，1 个因子的方差解释率值分别是 80.387%，旋转后累积方差解释率为 80.387%，大于 50%。意味着研究项的信息量可以有效地提取出来。最后，请结合因子载荷系数，去确认因子（维度）和研究项对应关系，是否与预期相符，如果相符则说明具有效度，反之则需要重新进行调整。因子载荷系数绝对值大于 0.4 时即说明

选项和因子有对应关系。

通过 Bartlett 检验（对应 p 值为 0，小于 0.05），说明研究数据效度较好，表明问卷具有较高的可靠性和真实性。

表 3-18　调查问卷效度分析结果

名称	因子载荷系数	共同度
	因子 1	（公因子方差）
您认为学校创新创业创造教育师资队伍素质情况如何	0.834	0.695
据了解，您所在专业的专业授课教师接受过创新创业创造培训	0.926	0.858
您所在专业，企业管理人员、创业者参与到课程专业教学中	0.926	0.858
特征根值（旋转前）	2.412	—
方差解释率（%）（旋转前）	80.387	—
累积方差解释率（%）（旋转前）	80.387	—
特征根值（旋转后）	2.412	—
方差解释率（%）（旋转后）	80.387	—
累积方差解释率（%）（旋转后）	80.387	—
KMO 值	0.699	—
巴特球形值	13183.757	—
df	3	—
p 值	0	—

2. 承担创新创业创造教育课程教师的情况

调研发现，所在专业承担创新创业创造教育课程教师为专业教师的占 74.9%，为辅导员老师的占 49.99%，为招生就业老师的占 32.76%，由外部邀请的专业人士担任的占 31.93%；从数据看到目前学校承担创新创业创造教育课程教师的情况，专业教师与辅导员老师为主；我们欣喜地看到了有近 1/3 的专业选择了邀请外部的专业人士来进行创新创业创造教育课程的教学。如图 3-65 所示。

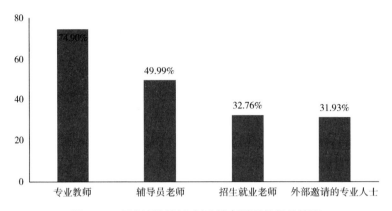

图 3-65　承担创新创业创造教育课程教师的情况

3. 学校创新创业创造教育师资队伍素质情况

在被调研的高职学生中，认为学校创新创业创造教育师资队伍素质非常高、结构非常合理的占 46.06%；认为素质较高、结构合理的占 38.56%；认为素质一般、实际经验教师缺乏的占 12.08%，素质一般、多为兼职教师的占 2.63%；同时也看到有 0.67% 的高职学生认为学校创新创业创造教育师资队伍整体素质较差。从学生反映的素质一般和素质较差的数据看，学校的创新创业创造教育师资队伍素质建设还需要进一步规划、提升。如图 3-66 所示。

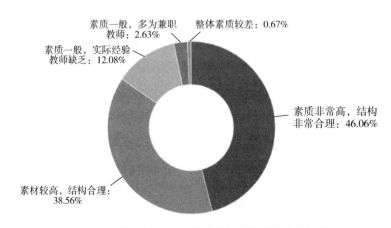

图 3-66　学校创新创业创造教育师资队伍素质情况

4. 学生选择创新创业创造教育的教师情况

在被调研的高职学生中，选择专业经验丰富的老师（67.16%）、实践经验丰富的老师（64.59%）作为创新创业创造教育的教师的排在了前两位；其次是为创新创业创造教育专门配备的导师（48.54%）、接受过培训的教师（36.78%）。除此之外，有 1/4 的高职学生选择接受过培训的辅导员（26.5%）、社会创业服务机构讲师（25.89%）、优秀企业家（25.22%）作为创新创业创造教育的教师。数据表明，学生比较赞成由经验丰富的教师来担任创新创业创造教育的教师。如图 3-67 所示。

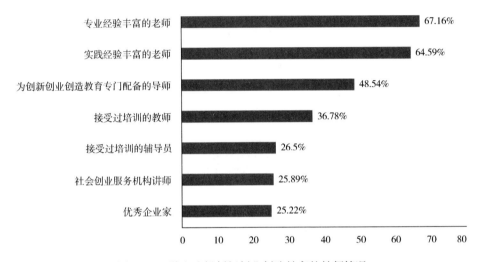

图 3-67　学生选择创新创业创造教育的教师情况

5. 专业授课教师接受过创新创业创造培训的情况

调研发现，78.38% 的学生根据了解明确所在专业的专业授课教师接受过创新创业创造培训，其中认为非常符合的占 43.25%、比较符合的占 35.13%；有19.29% 的学生不明确所在专业的专业授课教师接受过创新创业创造培训；有2.33% 的学生明确表示所在专业的专业授课教师未接受过创新创业创造培训。如图 3-68 所示。

6. 所在专业，企业管理人员、创业者参与到课程专业教学中的情况

调研发现，76.4% 的学生所在专业，企业管理人员、创业者参与到了课程专业教学中；21.03% 的学生所在专业，企业管理人员、创业者参与到了部分课程专业教学中；2.56% 的学生所在专业，企业管理人员、创业者未参与到课程专业教学中。如图 3-69 所示。

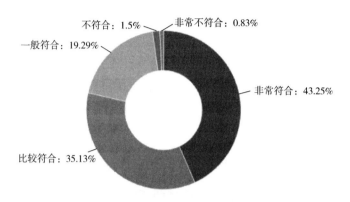

图 3-68　专业授课教师接受过创新创业创造培训的情况

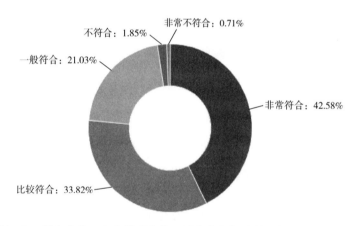

图 3-69　所在专业，企业管理人员、创业者参与到课程专业教学中的情况

7. 学校创新创业创造教育与专业教育融合的师资力量情况

调研发现，77.97%的学生认为学校创新创业创造教育与专业教育融合的师资力量满足需要，其中认为完全满足需要，教学效果优良的占42.17%，满足需要，教学效果良好的占35.8%；认为学校创新创业创造教育与专业教育融合的师资力量基本满足需要，教学效果一般的占18.29%；认为学校创新创业创造教育与专业教育融合的师资力量勉强满足需要，教学效果较差的占2.77%；认为学校创新创业创造教育与专业教育融合的师资力量不能满足需要，严重影响教学效果的占0.97%。数据表明，专创融合师资力量还有进一步加强的空间。如图3-70所示。

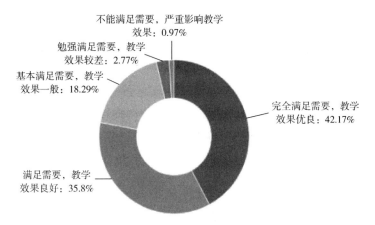

图 3-70 学校创新创业创造教育与专业教育融合的师资力量情况

(六) 创新创业创造教育课程

1. 创新创业创造课程性质

调研发现，高职院校的创新创业创造课程主要是专业核心课（52.25%）、专业基础课（50.7%），其次是公共必修课（45.04%），还有公共选修课（31.94%）、实训课（26.4%）、第二课堂（29.49%）等，如图 3-71 所示。

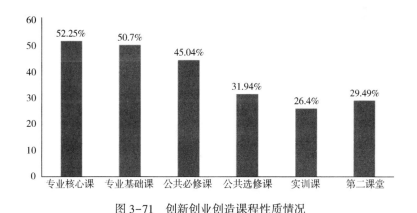

图 3-71 创新创业创造课程性质情况

2. 创新创业创造教育课程最应当包含的知识

调研发现，高职院校学生认为创新创业创造教育课程最应当包含的知识为：排在第一位的是创新方法（70.4%），排在第二位的是创业方向的选择（58.58%），排在第三~第五位的是创造精神（49%）、实训实践学习（43.04%）、专业理论知识（40.18%），还有实际动手操作能力（36.48%）、社会工作经验（29.06%）、法律、管理知识（25.98%）等。如图3-72所示。

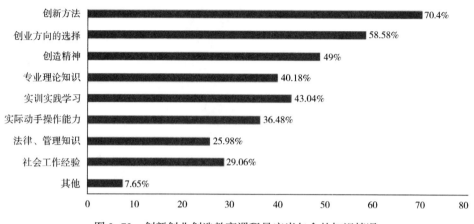

图3-72　创新创业创造教育课程最应当包含的知识情况

3. 学校创新创业创造教育课程安排的合理程度

调研发现，高职院校学生认为学校创新创业创造教育课程安排合理的占79.49%，其中认为非常合理的占45.34%、比较合理的占34.15%；认为学校创新创业创造教育课程安排一般的占18.21%；认为学校创新创业创造教育课程安排不合理的占2.31%，其中1.49%认为不太合理、0.82%的认为很不合理。如图3-73所示。

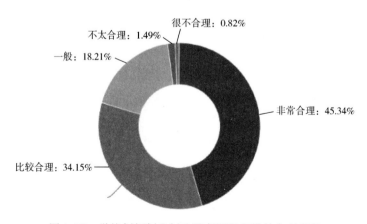

图3-73　学校创新创业创造教育课程安排的合理程度

（七）创新创业创造教育实践

1. 学校创新创业创造实践平台情况

调研发现，高职院校学生知道最多的创新创业创造实践平台是大学生创业孵化基地（74.67%），其次是大学生创新创业工作室（50.04%）和众创空间（48.12%），另外还有二级学院创业孵化基地（34.96%）、未来创新体验室（19.98%）。如图 3-74 所示。

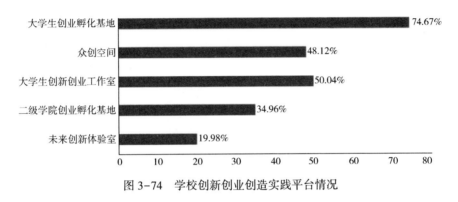

图 3-74　学校创新创业创造实践平台情况

2. 企业管理人员、创业者在学校开展创业论坛、讲座、报告等活动情况

调研发现，78.36% 的高职院校学生感觉企业管理人员、创业者经常在学校开展创业论坛、讲座、报告等活动，其中认为非常符合的占 44.75%、比较符合的占 33.61%；感觉企业管理人员、创业者有时在学校开展创业论坛、讲座、报告等活动的占 19.2%；感觉不到企业管理人员、创业者在学校开展创业论坛、讲座、报告等活动的占 2.44%。如图 3-75 所示。

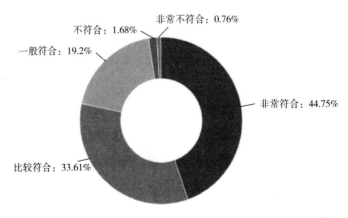

图 3-75　企业管理人员、创业者在学校开展创业论坛、讲座、报告等活动情况

3. 所学专业与校外企业合作建设校外实践基地情况

调研高职院校学生发现，77.37%的专业与校外企业合作建设有校外实践基地，其中认为非常符合的占43.55%、比较符合的占33.82%；20.02%专业与校外企业合作可能建设有校外实践基地；有2.6%的专业与校外企业合作没有建设校外实践基地，如图3-76所示。

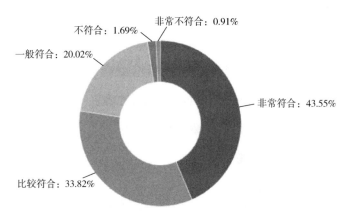

图3-76 所学专业与校外企业合作建设有校外实践基地情况

4. 参加过除"互联网+"大赛之外的省科技创新、全国发明杯等创新创业大赛情况

调研发现，46.6%高职院校学生参加过除"互联网+"大赛之外的省科技创新、全国发明杯等创新创业大赛，仍然有53.4%的高职学生没有参加过除"互联网+"大赛之外的省科技创新、全国发明杯等创新创业大赛。如图3-77所示。

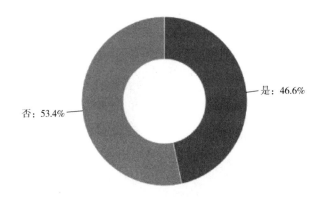

图3-77 参加过除"互联网+"大赛之外的省科技创新、全国发明杯等创新创业大赛情况

5. 专门针对专业教育而组织的创新创业创造实践项目情况

调研发现，37.23%的高职学生认为他所学专业有非常多的专门针对专业教育而组织的创新创业创造实践项目，36.31%的高职学生认为他所学专业有比较多的专门针对专业教育而组织的创新创业创造实践项目，19.53%的高职学生认为他所学专业较少有专门针对专业教育而组织的创新创业创造实践项目，2.4%的高职学生认为他所学专业没有专门针对专业教育而组织的创新创业创造实践项目，还有4.53%的高职学生不清楚他所学专业有没有专门针对专业教育而组织的创新创业创造实践项目。如图3-78所示。

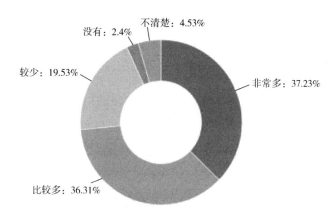

图 3-78　专门针对专业教育而组织的创新创业创造实践项目情况

6. 参加创新创业创造实践活动情况

调研发现，高职院校学生参加最多的创新创业创造实践活动是创新创业讲座、沙龙、座谈（64.73%），其次是创新创业竞赛（42.27%）、学生创新创业社团、协会、工作室等实践活动（39.35%）、职业技能大赛（35.87%），还有一些学生参加创新意识培训（22.57%）、创新创业训练营（22.45%）、协助老师开展创新创业项目研究或实践（19.27%）、创业实践（18.21%）等。如图3-79所示。

7. 参加校内创新创业创造活动的最核心动机

调研发现，高职院校学生参加校内创新创业创造活动的最核心动机是获取学分（32.32%）、个人能力提升（29.76%），其次是实现个人价值（18.96%），还有较少人是获取财富（奖金、利润等）（9.51%）、获取荣誉（证书、称号等）（9.45%）等。如图3-80所示。

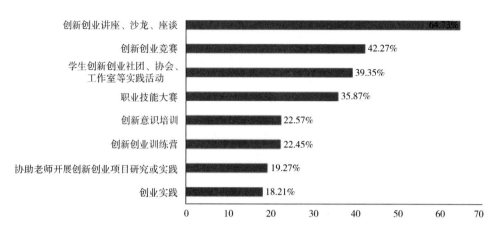

图 3-79　参加的创新创业创造实践活动情况

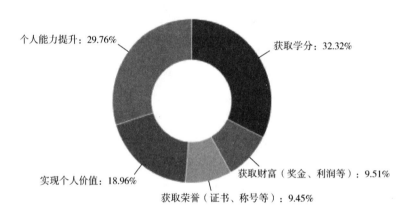

图 3-80　参加校内创新创业创造活动的最核心动机

8. 拥有创业想法情况

调研发现，80.2%的高职院校学生拥有过创业想法，如图 3-81 所示。

9. 选择创业首选的领域

调研发现，关于选择创业首选的领域，高职院校学生选择最多的是"不一定要本专业，自己感兴趣即可""选择创业首选的领域是与本专业相结合"分别占41.24%、40.74%；还有 10.95%的学生选择了投资少、风险低的领域，5.92%的学生选择了热门易赚钱的领域，1.15%的学生选择了技术含量要求不高的领域。如图 3-82 所示。

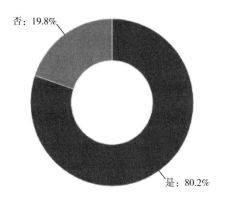

图 3-81　拥有创业想法情况

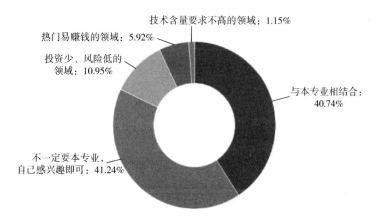

图 3-82　选择创业首选的领域

10. 学校开展专业教育与创新创业创造教育融合最需要的支持情况

调研发现，学校开展专业教育与创新创业创造教育融合最需要的三项支持是：政府的扶持政策（69.01%）、学校中长期规划（54.3%）、学生的需求程度（53.11%），其次雄厚的师资力量（42.27%）、各方面的资金支持（37.93%），还有社会的认可程度（30.71%）等。如图 3-83 所示。

三、创新创业创造教育与专业教育融合分析

促进创新创业创造教育与专业教育的深度融合，是高职院校深入推进创新创业创造教育的内在需要，是高职院校深化发展专业教育的必然选择，也是培养社会所需的高素质创新型人才的客观要求；然而，调研表明，高职院校创新创业创

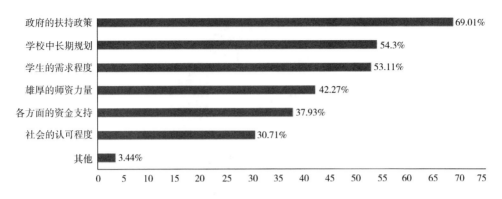

图 3-83　学校开展专业教育与创新创业创造教育融合最需要的支持情况

造教育与专业教育深度融合还面临许多问题，从一定程度上制约着创新创业创造
教育的可持续发展。

（一）创新创业创造教育与专业教育融合存在的问题

1. 学生对融合的认知不足

根据调查结果可以看出，高职院校在创新创业创造教育方面已进行推广，但
学生对创新创业创造的了解程度还是不高。对创新创业创造教育与专业教育关系
的认知中，有接近 1/3 的学生不能正确认识到两者之间的密切关系。结合教师调
研结果，学生上课时的积极性存在显著差异，学生为获得学分完成任务的现象普
遍存在，学生参与创新创业教育相关活动的主动性有待提高。

当前高职院校创新创业创造教育的开展不断深化，对促进在校学生就业创业
起到积极作用。但是学生对创新创业创造教育的认识还处于模糊阶段，较大一部
分学生还存在认为创新创业创造教育就是为了创业，没有将其与专业教育结合看
待，对两者融合的认识观念明显不够深入。如果学生对创新创业创造教育及其与
专业教育的融合关系不能形成正确认识，必然会影响创新创业创造教育与专业教
育融合的开展效果。

2. 两类教育师资融合不足

（1）师资队伍组成结构不够合理。创新创业创造教育的实施过程与传统教
育的课程教学和实践存在差异，其对从事创新创业创造教育的师资有着不一样的
需求。但就目前来看，师资队伍融合方面存在明显不足。具体表现在：

①地位弱势。校内专职从事创新创业创造教育的师资队伍，从数量、教学实践及经验方面都处于弱势地位，现有师资力量难以满足学生参与创新创业创造教育及相关活动时对教师指导的需求。

②构成不均。创新创业创造教育教师队伍构成不合理，现虽有其他兼职教师以及与企业合作的"双师型"教师加入，但数量相对有限，并且校内理论授课类教师占大部分，校外实践型师资力量还是薄弱项。教师的实践指导能力与实战能力不足，成为当前创新创业创造教育与专业教育融合过程的制约点。

（2）教师参与创新创业创造培训与实践不足。现阶段，高等职业教育扩招，学校办学规模不断扩大，学生数量不断增加，专业教师的教学工作任务越来越重。在时间与精力有限的情况下，大部分教师不会主动研究或创新教学内容、教学方式，也不会主动参加校内外培训进行创新创业创造能力提升。双创学院的专职教师也受制于教学任务和各类双创实践活动的组织与统筹工作，参加实践或培训的次数少、时间短。另外，虽然学校也有组织教师参加校内外创新创业创造教育相关培训，但是教师参与度较低，培训内容也不够全面，对提升教师的教育教学水平和创新能力的效果不太明显，这些都阻碍了教师能力的发展。

高职院校虽重视"双师型"教师队伍建设，但教师的个人教学能力与综合素质参差不齐，同时具备专业能力和创新创业创造素养的教师并不多，教师在授课时更多地集中于专业知识，缺乏对学生创新创业创造意识与能力的引导和培养。这导致专业教学过程的理论性与实践性较强，但解决问题的真实性、创新性不足，学生围绕专业进行创新创业创造的可行性不高。加强师资队伍的融合建设是促进创新创业创造教育与专业教育融合的重要步骤。

3. 课程设置融合度不高

（1）课程教学内容融合度低，缺乏教材支撑。在教学过程中，专业教育在一般在相对独立的体系里进行知识和技能的传授，而创新创业创造教育则多是通过课堂教学，传授创业素质、创业技能等理论知识，与专业背景结合程度不高，导致两者在教学中常常处于分离状态，教学内容相对独立。另外，高职院校中使用的专业教材大多缺乏启发性、创新性的内容，不能体现行业的前沿趋势；创新创业创造教育教材又以创新创业创造基础能力和创新思维训练为主，教材缺乏相应的专业技能训练，不能突出高职教育的特色，有的理论过深、有的容量过大，缺乏与专业融合的创新创业创造教材，这也为创新创业创造教育与专业教育融合带来阻力。没有权威教材的支撑，会导致没有受过创新创业创造教育培训的专业课教师在将创新创业创造教育融入自己的专业课程教学时没有头绪或较为被动，即使是有一定基础的教师在授课时也很难系统的将创新创业创造知识融入专业教育教学中。

（2）课堂教学方式创新动力欠缺。高职院校专业课程与创新创业创造课程的教学方式存在很大差异，专业课程注重实习实训，创新创业创造教育课程则更多是课堂内理论教学。大部分教师已经认识到学生专业学习能力的提升离不开创新思维、发散思维的培养，在教学方式创新上，开始尝试探索运用项目化教学启发学生思考，并且已经能够自觉地将创新创业创造教育融入专业课程教学中来。但是，在寻找掌握两种教育的契合方式方面还不够成熟，课堂教学方式的创新还需要进一步地探索、研究和实践。

（3）课程考核评价方式不够灵活。创新创业创造教育的相关评价体系健全度不够。通过课程的考核能够及时地发现问题，从而提高教学质量和教学水平，但高职院校的创新创业创造教育在期末考核时大多依旧沿用常规的考核方式，多以理论考核为主，或提交论文、PPT汇报的方式，没有采取多样化的灵活考核方式，没有融入对创新创业创造能力的考核。学生的学习成效无法真正体现，教师也就难以找到实施创新创业创造教育课程的教学方向，也不能促使学生创新创业创造意识的自发性培养。

4. 校院两级实践平台交叉对接不够

创新创业创造教育与专业教育都强调理论与实践的高度结合，实践教学是重要模块，学生只有在实践中才能将理论知识得到运用，在实践中得到锻炼。但通过调查分析可以看出，目前高职院校在实践平台建设中存在明显不足。从学校层面建设的校内实践平台看，学校已经探索建设了具有专业性的众创空间、大学生创业孵化基地，主要由双创学院牵头建设管理，二级学院在校级基地建设过程中缺乏参与，导致校内实践基地建设时缺乏专业指导，在具体使用过程中也没有专业指导人员和相应的管理制度，使得实践基地的实际使用效果不佳，大幅降低了校内资源的利用率。在校外实践基地方面，学校与企业进行合作，将实习单位、就业基地作为了校外实践基地，但由于企业提供的实践岗位有限，基地和学校沟通较少，缺乏过程监督，学生去实践后得到的指导不够，大部分学生仅仅为了修满实践学分而"应付差事"。另外，校内的各二级学院开始积极探索建立学院层面的创新创业创造实践平台，但各学院建设积极性存在差异，如机电工程学院探索建立了科技创新协会等学生专业社团，鼓励学生参与并进行专业创新指导。但部分学院对创新性实践平台的建设不够重视，还是依靠原有的实践教学模式进行，不能满足新时代、新阶段的创新创业创造教育的要求。

5. 考核与评估机制不完善

当前，高职院校针对创新创业创造教育还没有形成相对科学的评价体系。学校作为评价主体，在创新创业创造教育深入开展阶段，积极探索创新评估标准，从原先主要从教学质量、课时量、课题项目等方面进行考核评价，加入具有创新创业创造教育特色的评价标准，如将教师指导双创比赛项目获奖纳入考核中，指导学生比赛获奖会有一定的激励。但是标准制定还不够科学，一方面，对专业教师的考核仍主要以课时量和主持项目为主，大部分专业教师更多关注本专业的教学和科研，对创新创业创造教育的热情不高；另一方面，教师指导学生参加比赛并获得奖项需投入大量精力，专业教师往往力不从心，导致教师参与指导的积极性大大降低。教师参与企业实践，引导学生开展专业创新创业创造活动也是创新创业创造教育的一部分，但学校考核时往往关注比赛结果，对于平时教学过程中的创新创业创造实践活动的评价指标体系不够明确，使得学生与教师容易产生"唯赛至上"的倾向，从而弱化了创新创业创造教育的在教学过程中的实践探索和锻炼。

6. 政府扶持政策落实不到位

政府和国家大力扶持高职院校创新创业创造教育的开展，但很多政策没有落实到位，影响了创新创业创造教育的深入发展。教育部及地方政府出台了多项推进高校创新创业教育的文件，但在传统教育观念及机制的制约下，难以具体落实和推进，具体表现在：

（1）优惠政策的审批程序烦琐，耗时久，不能满足现实需求；

（2）申请的准入门槛高，资金申请困难；

（3）部分政策公布后，在具体执行过程时遇到问题，难以推进，这就导致很多优惠政策没有得到很好的落实，学生无法享受到政策的优待。

此外，政府和学校对创新创业相关政策的宣传力度不够，加上学生很少主动关注，很多在校学生对政府出台的优惠政策根本不了解，学生参与创新创业创造教育的积极性也很难被激发。由此可见，在创新创业相关政策落实和宣传不到位的条件下，在校学生很难真正享受到政府服务和支持。

政府部门针对学校与企业出台的相关扶持政策力度不足，校企双方在合作时会有较多顾虑和权衡，校企合作、产教融合的形式也相对单一。由于企业很难利用产教融合的形式获得应有的效益，在利益权衡下，企业参与度不高。仅仅依靠学校的力量去推动合作，难以满足企业的需求，往往收效甚微。因此，加大政府的政策扶持力度，有利于提高校企合作的深度与广度。

（二）高职院校创新创业创造教育与专业教育有效融合的主要障碍

促进创新创业创造教育与专业教育紧密融合已在学界达成共识。高职院校创新创业创造教育下一步的发展方向是要努力将其融入专业教育，从而扎稳创新创业创造教育在高职院校发展的基础。但真正实现二者的有机融合还存在许多障碍。

1. 理念障碍

创新创业创造教育是适应经济社会发展和高职院校教育自身发展的需要应运而生的教育理念，其具有的重大战略意义和教育价值已经被高职院校广泛关注和逐步认同。

创新创业创造教育重在塑造学生的创新创业思维，培养学生的创新创业意识、精神，增强创新创业创造能力，以此提升学生的综合素质。

专业教育主要指根据一定的历史时期专业发展和行业分工的要求将学业分成一定门类对学生实施的教育，侧重培养学生某一专业领域内的能力与素质。

在科技经济日新月异的新时代，高职院校要更好地履行服务社会的职能，决不能在传统的专业教育上止步不前，须辅以创新创业创造教育。因为创新创业创造教育与专业教育是相辅相成、相互影响的，后者是前者的基础，前者是后者的深化。二者均落脚于育人这个核心任务，在高职教育中有着同等重要的地位和作用。不可否认，各大高职院校的创新创业创造教育尚未与专业教育形成紧密联系，被多数学生、教师与学校领导看作"业余教育"，甚至一致认为创新创业创造教育没有必要融入专业教育，否则，会打破原有专业教育体系，不利于人才培养。

高职院校对创新创业创造教育理念理解的偏差，对创新创业创造教育与专业教育有效融合的重要性认识不足，导致创新创业创造教育在高职中趋于边缘化，势必有碍于创新创业创造教育与专业教育的融合。

2. 制度障碍

完善的规章和制度是开展创新创业创造教育的基本保障。一旦缺少了制度的保障，创新创业创造教育便无从谈起。高职院校的创新创业创造教育是把创新创业创造教育理念融入人才培养全过程的一种模式。这意味着高职院校要重新修订专业人才培养方案，将创新创业创造教育纳入其中，渗透创新创业创造理念到教育教学的各个环节。

鉴于创新创业创造教育的综合性、实践性与跨专业性等特点，要推动其与专业教育融合，必须建立健全相关制度，尤其是跨专业制度的建设与完善，同时也需进一步完善专业人才培养方案以适应高素质创新型人才培养的要求。

现今，高职院校的专业划分越来越细，专业界限越来越分明，导致各专业之间因各自"关起门来搞建设"而缺乏沟通和共享。目前，高职院校已不同程度地开展了创新创业创造教育，但没有使之成为专业第一课堂的教学内容，没有与专业教育有机结合而形成完整的教育教学体系，更没有将其纳入专业人才培养方案，而仅仅作为大学生就业指导范围内的一部分或是大学生第二课堂教育的一部分。究其原因与高职院校不健全的创新创业创造教育相关制度不无关系，如未能及时完善创新创业创造教学管理制度、未能有效实行创新创业创造学分制、未能建立并完善跨专业制度等。

3. 管理障碍

高职院校创新创业创造教育是一项综合的系统工程，涉及面广、影响范围大，尽快建立运行通畅、科学合理的组织与管理架构，是其得以可持续发展的重要保证。许多高职院校对创新创业创造教育所属部门认识不清，大都交由学生、团委、教务或就业指导等部门负责，但上述部门往往各自为政、缺乏合力。专业教育主要由各二级学院负责，包括具体的教学管理、教学计划、课程安排、考核方式等。针对创新创业创造教育，高职院校多从宏观层面着手，微观上仅停留于下放部分相关工作至二级学院，比如组织学生参与创新创业创造教育讲座、论坛、项目申报、各类型大赛等，以服务整个创新创业创造教育的组织与管理，却未深入具体的专业教育中。由此可见，高职院校创新创业创造教育缺乏一个有序运行的管理体系，与专业教育的管理实质上是相互分离的。此外，由于专业教育在高职院校中的主心骨作用，如果将创新创业创造教育融入其中，必然牵一发而动全身，既要打通学校和学院、学院和学院、学院和教师及教师和学生之间的各渠道，又涉及改革现有教育教学体系，所以，在很大程度上增加了实践操作中融合与管理的难度。

4. 环境障碍

创新创业创造教育环境对大学生具有隐性的潜移默化的影响。在创新创业创造教育中，学生参与的积极性与高职院校营造的创新创业创造氛围紧紧挂钩，这就决定了高职院校务必重视创新创业创造教育环境的建设。当前，高职院校创新创业创造教育存在一大怪象，即学生不如学校层面重视，往往成为"被创新创业者"，此现象同创新创业创造教育要求充分尊重学生的自主性与主观能动性完全相悖。高职院校开展的创新创业讲座、论坛、科技大赛及相关项目，大都脱离专业教育，加之创新创业创造教育资源多流向少数学生精英，所谓的面向全体学生便成为一句口号。各二级学院在创新创业创造相关活动上，对学生的激励与支持甚小，缺少实质性措施以促进创新创业创造教育与专业教育的有机融合。高职院校创新创业创造教育一旦缺少了参与主体——学生的肯定与拥护，其生命力也不会长久。

高职院校在创新创业创造教育环境建设与舆论营造上的缺漏，如学校未能大范围地宣传创新创业创造教育及相关政策，未能解释不同专业背景下创新创业创造教育该如何施行等，导致学生难以真切感受到校园创新创业创造教育的气息，更谈不上在全校范围内掀起创新创业之风，必然严重影响创新创业创造教育与专业教育的融合。

5. 资源障碍

在高职院校创新创业创造教育中，课程、教材、师资和实践基地等是基本的资源保障。

（1）课程方面。课程作为高职教育的重要手段，在人才培养过程中的重要性不言而喻。高职院校实施创新创业创造教育的首要途径是开设《大学生创新创业》《KAB创业基础》等创新创业课程。但由于此类课程的特殊属性，有些学校以全校任选课的形式为主，又因为课容量有所限制，所以只能被部分学生选修。除此之外，已经开设的课程往往不成系统，具有很强的随意性，课堂教学仍旧停留在教授具有专业性与系统性的创新创业理论知识层面，与专业教育及具体实践活动相脱节，一时难以嵌入专业教学计划，最终成为高职院校"装点门面"的象征性创新创业课程。

（2）教材方面。教材是创新创业创造教育课程的基础。我国的创新创业创造教育始于 20 世纪 90 年代，经过探索期的不断实践，现正处于大力发展与改革的时期。高职院校在重视创新创业创造教育课程建设的同时，遇到了缺乏典型教材的难题。基于创新创业创造教育教材鱼龙混杂，以及本土化教材的缺失的现状，高职院校在短时间内很难开足、开齐相关课程，更不用讲与专业特色结合。即便是已经开设的创新创业创造课程，教师也未给学生指定供其阅读的参考书目，使得学生在教学中仅以听讲为主，而缺少自主学习。典型的创新创业创造教材的匮乏，加大了课程开设与实施的难度，阻碍了创新创业创造教育与专业教育的融合。

（3）师资方面。师资条件在高职院校创新创业创造教育中是至关重要的。创新创业创造教育中相关的教师要有广博的理论知识和丰富的社会阅历及一定的创业经验。然而，在我国这类师资严重缺乏，多是经过初步培训的学工部门、就业部门的在职人员，其知识结构与创新创业创造教育多学科性的特点不相符，各院系专业教师则只在本专业、本领域有深入的研究，没有经过创新创业创造培训，无法承担创新创业创造课程的教学任务，无法满足创新创业创造教育有效发展的需要，成为制约高职院校创新创业创造教育的最大瓶颈。

（4）实践基地方面。创新创业创造教育是一项实践性很强的活动，高职院校必须抓好三创基地建设，借此切实加强三创实践教育。现阶段的专业教育，理论教育仍占主要比重，学生的实践机会较少且实践能力较差。由于高职教育向来重理论轻实践，部分高职院校对创新创业创造教育定位模糊，未能立足专业特色与优势，也未能审时度势"走出去"，与企业建立合作关系，造成了学生创新创业创造因缺少实践基地而暂留于理论层面。实践基地建设不到位，学生的实践平台、实践场地、技能培训与实习机会等无法得到保障，限制了高职生实践能力的提高，以致创新创业创造教育收效甚微。

综上所述，有效促进高职院校创新创业创造教育与专业教育的融合仍步履维艰。

（三）促使创新创业创造教育与专业教育紧密融合的必要性

近年来，高职院校创新创业创造教育被渐渐提上日程。高职院校大力开展创新创业创造教育是提升人才培养质量所采取的具体举措。创新创业创造教育要取得长足发展并有所突破，必须紧紧依靠专业教育，但这并不代表创新创业创造教育是专业教育的附属物，而是要使创新创业创造教育建立在专业教育的基础上，实现与专业教育的有机融合。

1. 高职院校深入推进创新创业创造教育的内在需要

创新创业创造教育是一项长期工程，其根本目的在于培养学生的创新性和创造性，使学生的智力价值得以充分挖掘。这种培养不可能脱离专业教育而独立存在，必须以专业教育为依托，综合学生的专业知识与专业技能。个体所学的专业在很大程度上决定了他的思维模式与知识结构，而学生的思维模式、知识结构又直接或间接地影响其首次创业方向的选择。促进创新创业创造教育与专业教育的紧密融合，才能让学生既掌握相关专业知识，又充分汲取创新创业创造的精髓，更好地帮助学生进行创新创业。因此，专业教育是创新创业创造教育的基础，与专业教育融合乃是高职院校深入推进创新创业创造教育的内在需要。

2. 高职院校深化发展专业教育的必然选择

创新创业创造教育与专业教育融合，不仅让学生学习了系统的专业知识而且使学生通过创新创业创造项目训练将理论知识应用于具体的实践。目前，高职院校的专业教育过"专"，学生的知识范围过窄，加之一刀切的教学方式束缚了学生的个性与创造性，致使学生培养"同质化"。创新创业创造教育作为通识教育的一种新形式，有利于改善专业教育的单一模式，有利于提升学生的综合素质与能力，更有利于加强对学生创新创业创造的思维意识及精神的培养。从该角度而言创新创业创造教育实际上丰富、拓展了专业教育的内容，将创新创业创造教育融入专业教育是高校深化发展专业教育的必然选择。

3. 高职院校培养社会所需的高素质创新型人才的客观要求

2020年，全国高等教育毛入学率54.4%，已经进入大众化阶段，即将迈入普及化阶段。尽管高等教育规模扩大了，但高校毕业生的质量却不尽如人意。社会企事业单位在人才招聘中把学历和毕业学校看作首要的参考条件，同时兼顾求职者的综合素质、综合能力与潜在价值。如此便无形中抬高了求职者的就业门槛，导致众多学子在求职中屡屡碰壁。在知识经济效益越发凸显的今天，社会越趋需要创新、创意、创造兼备的高素质创新型人才以为其增添新的增长动力。事实上，高职院校面临社会的快速发展，显现出了明显的不适应性，其传统的专业教育理念、课程体系、教学内容和教学方法已不能适应多层次、多样化的人才培养需求。创新创业创造教育作为新时期高等职业教育的新内容，在育人工作上起着至关重要的作用。所以，为培养高素质创新型人才，高职院校必须加速创新创业创造教育与专业教育的进一步融合。

（四）高职院校创新创业创造教育融入专业教育的基本原则

1. 适应社会发展，结合专业特点

创新创业创造教育不能是粗放型的通识教育，不能脱离专业而自成体系。创新创业创造教育要面向社会、面向经济发展、面向行业、面向专业特点。每个专业都应该以市场为导向，深入调研取证，从而对学生的知识、能力、素养进行解构，设置不同的教学目标，从而搭建起社会与学校、专业与经济的联动关系，通过向学生介绍专业领域的前沿研究成果、先进的解决问题的方法和应用方面的变化，鼓励学生在专业基础上进行创新创业。

2. 技术创新与思维创新兼顾

创新创业创造教育和专业教育的融合，其核心价值在于引领学生利用专业技术创造社会价值，将知识转化为生产力。但是技术创新受到社会、经济、政治、环境的影响，是工程技能、管理知识、企业家精神和市场需求相结合的产物。技术创新的根本要素还归结于人的创新思维能力，即创造或识别机会，并抓住机会的能力。[31]创新创业创造教育要强调技术创新和思维创新兼顾，在培养技术能力的基础上，重视学生的创造力、洞察力和解决实际问题的能力的培养，关注学生思维发展方面的隐形知识的构建。

3. 自主创业与岗位创业并举

高职院校的创新创业创造教育分为三个层次：

第一个层次是培养具有良好创业素质的社会公民；

第二个层次是自我工作岗位的创造者；

第三个层次是新企业的创办者。

目前的高职院校创新创业创造教育迫于就业压力普遍强调培养新企业的创办者，即自主创业者。但是，从人才的长远发展规划来看，高职院校创新创业创造教育不能停留在解决学生就业的层面上，尤其是在与专业教育相融合的背景下，对"岗位内创业者"即第二个层次的培养应该得到重视。

所谓岗位内创业者，主要是指在现行公司体制内，发挥自己的创业精神和革新能力，敢冒风险来促成公司新事物产生，从而使公司获得利益的管理者。[32]"岗位内创业者"的培养，将创业教育由点及面，符合大多数学生专业发展的需求，能够与专业教育形成更强的合力，为高职院校的创新创业创造教育提供新的思路。

（五）创新创业创造教育融入专业教育的生态环境

"专业+创新创业创造"的人才培养模式需要整合学校资源，积极引进外部力量，与社会建立广泛的联系，构建创新创业创造教育的生态系统。该生态系统由组织机构、政策制度、资源网络、第三方服务产业等基本要素构成。

1. 组织机构

该模式需要政府、高校和企业相互协同的组织机构来支持和指导高校创新创业活动的开展。政府要为高校和企业的合作牵线搭桥，并提供政策引导。

比如英国的教育与技能部（the Department for Education and Skills）与小企业服务中心（the Small Business Service）联合成立了毕业生创业委员会（Council for Graduate Entrepreneurship），以加强大学与地方商业协会的联系，促进大学创业教育的发展。[33]高校面对校企合作项目中涉及的洽谈、组织、实施、管理与评价等一系列工作，要创新职能，从校部、院系各层次成立创业学院、产学研合作办公室或者创新创业教育指导小组等专门机构来统筹管理该项工作。对于企业，在与高校产学合作的过程中，也需要配备专门人员来负责管理与协调工作，从而畅通合作渠道，实现校企双方的双赢。

2. 政策制度

该模式要建立教学、人事、税收、考核等多项配套制度，通过规范性的程序把政府、高校和企业三方融合在一起，各自承担责任和义务，从而促进学科专业和产业合作的长期性与有效性。

比如，校方需要重新设置衡量专业"学习效果"的评价标准，建立校内、外实训基地的监控考核机制，与学生、家长、企业、行业、专家、政府部门、新闻媒体等人员或机构同时建立社会化综合评价系统与教学信息反馈系统，制定有利于推动创新创业创造活动的教职工绩效考核与奖惩制度，完善薪资分配制度。政府要进一步出台扶持政策，鼓励高校创新创业创造人才培养，并通过税收优惠等制度吸引企业主动与高校开展产学合作，构建政府、高校、企业三赢的合作机制。

3. 资源网络

该模式要构建开放性、多元化的资源网络，从而为"专业＋创新创业创造"的教学活动提供坚实的资源基础。这一网络囊括了专业机构资源、学生社团资源、校友资源、企业资源和政府资源等资源要素。

各大院校、研究院和非营利性机构等专业机构能够为师生的创新创业创造活动提供智力支持；学生社团能够为师生的创新创业创造活动提供交流体验的机会与平台；校友资源能够为师生创新创业创造活动提供人脉财富和经验传授；企业资源能够为师生创新创业创造活动提供丰富的教学案例、导师资源和实践渠道；政府资源能够为师生的创新创业创造活动提供资金支持、制度依据和政策保障。

上述资源在市场需求的推动下，相互联系、协同合作，从而促进高校专业教育与创新创业创造教育相融合的教育模式的蓬勃发展。

4. 第三方服务产业

随着越来越多的高校重视专业教育和创新创业创造教育的融合，高校实践教学项目对社会合作资源的供给也将产生巨大的需求。从规模化、集约化、效率化的角度出发，由第三方服务企业介入校企合作是值得探索的途径。第三方服务企业介入校企合作过程，搭建校企合作的桥梁，协调学校、企业和学生三方的矛盾和利益，研究校企合作的动力机制、运行机制和管理机制，并行使一系列服务职能，比如学生选聘、实践定位与组织、双师型师资队伍建设、监督考核、学生权益保护等。从长远来看，市场需求的驱动必将促使这类从事校企合作服务的第三方产业进一步发展和壮大。

（六）高职院校创新创业创造教育融入专业教育的运行模式

假如从创新创业教育的始祖"美国百森商学院"建校之际（1919 年）算起，创新创业教育已经历了百年的发展历史。在英美等发达国家，创新创业教育在非商科的专业研究领域进行了多样化的实践活动，并取得了良好成效。分析借鉴这些成功范例，高职院校创新创业创造教育融入专业教育有以下几种运行模式：

1. 专业嵌入模式

专业嵌入模式，是指在专业教学体系内根据专业特点增设创新创业创造类教学内容。这类模式的创新创业创造教育与专业的结合度很高，渗透性很强。具体形式包括：

（1）课程渗透。提倡教师在专业课程内部渗透创新创业创造类知识内容。比如，政治学或经济学的课程可以将研究政府政策对创业的影响作为教学内容；文学或历史的课程可以将创业的成功案例或历史人物作为学习内容；心理学或社会学的课程可以教授如何分析成功创业的影响要素或进行创业的自我绩效评估等。

（2）独立设课。在专业人才培养方案中纳入创新创业创造形式的专业必修课或专业选修课。课程可以聘请专业教师、商学院教师、企业导师联合授课。在课程内容的设置上，不可简单复制商学院的教学内容，而要面向专业特色进行个性化开发。以美国康奈尔大学为例，1992年，康奈尔大学联合9所学院建立了创业精神和个人创业项目（EPE），面向全校统筹指导各类专业的创业教育。

（3）模块方向。在增加创新创业创造类课程的基础上，深入发展创新创业创造方向的专业模块，向专业学生提供分类教育，引导学有所长或者志趣相投的学生进一步深入学习与实践。济南工程职业技术学院工商学院市场营销专业近年来开设了创新创业创造模块课程，将创新创业创造作为专业方向加以引导。学院聘请在小企业创新理论和小企业创业实践方面有特长的校内外教师主持课程建设工作，已经培育出26支学生创新创业团队，受到社会各界的关注。

2. 跨专业联合模式

跨专业联合模式，是指突破专业边界，针对创新创业创造教育涵盖的专业技能、管理知识、企业家精神和市场环境认知等知识领域，联合二级学院，进行横向联合培养。该模式提倡多级联动，在教学资源配置上更具优势，能够促进教育资源的流动共享。同时，促进院校专业之间的学术互动、师生交流与项目合作。以校际为界进行划分，该模式可细分为两种形式：校内联合培养形式和校际联合培养形式。

（1）校内联合培养形式。在校内联合培养形式方面，英国在高校阶段的联合学位课程就较具代表性。华威大学将商业研究分别与化学专业、工程专业、计算机专业进行整合，创设了多种联合学位课程。这种联合学位课程的人才培养路径是，学生在低年级阶段接受专业教育，掌握该学科领域的基本知识和基本技能，然后在高年级阶段进入华威商学院学习和掌握商业和管理领域内的知识。阿伯丁大学创设了会计与创业学、人类学与创业学、经济学与创业学、英语与创业学、法语与创业学等许多联合专业，学生可通过四年学习获得联合学位。

（2）校际联合培养形式。在校际联合培养形式方面，美国创业教育先锋——美国百森商学院树立了典范。该校与工程类著名院校欧林工程学院共建合作关系，将创业教育植入到工程学课程中；该校还联合伦敦商学院共同负责全球创业观察（GEM）项目，进行广泛的交流合作与研讨。

3. 社会化合作模式

社会化合作模式，是指高校联合企业非营利性机构、政府机关等社会单位进行专业创新创业的实战活动。该模式面向真实的市场背景，以项目为驱动，是对创新创业体验和创新创业课程的升级，也是创新创业创造教育与专业教育相结合的最高层次。

美国的理工大学就主张开放式办学理念，学校将创新创业教育资源网络化，即将施教者、受教者、政府、基金、风险投资、孵化器、科技园、企业和其他相关资源有效整合在一起，为学生的创新创业活动提供一站式咨询服务。

温州大学城市学院国际贸易专业于 2011 年和阿里巴巴集团公司旗下的阿里学院（淘宝大学）开展合作办学，校方依托阿里学院的社会资源和技术能力，为学生搭建电子商务创新创业实践平台。在此平台上，阿里学院为学生提供电子商务创新创业类实践教学，并为校方对接企业需求，引入企业项目供学生实战操作，形成了校方、企业、学生三方联动共赢的良好局面。

社会化合作模式的实施途径多样化，主要形式有以下三种。

（1）企业主导型。企业或研究机构对专业领域的业务创新或者课题研究提出需求，邀请教师和学生联合开发或参与研究，校方也可在一定程度上提供技术设备或场地的支持。

（2）校方主导型。校方成立专门的创新研究中心或者虚拟企业，联合社会资源进行专门领域的科学研究、技术开发或成果转化，从而为学生提供丰富的实践实习机会。

（3）学生主导型。通过学校的创业孵化园或专业创新实验室，培育学生自主创业团队，校方建立创业项目的启动审核制度、跟踪监控制度、绩效评价制度和奖惩制度，并在专业技术、市场运作、社会资源对接和成果转化等方面提供咨询与帮助。

（七） 创新创业创造教育与专业教育的融合发展路径

高职院校的创新创业创造教育与专业教育的融合发展要根据不同的情况进行融合模式的选择，充分发现和挖掘创新创业创造教育与专业教育融合的优势资源，打造创新创业创造教育与专业教育融合的平台，探寻适宜于高职院校的创新创业创造教育与专业教育相融合的新机制。

1. 做好全局整体性设计，打造高职教育的新增长极

在素质教育全面推行的背景下，现有的高职院校要探索适宜于新时代的人才培养模式，要以高职的办学特色和优势为基准点，进行人才培养模式的整体设计，并以创新创业创造教育与专业教育相融合的发展机制为切入点，形成高职院校人才培育的新增长极，要做好创新创业创造教育与专业教育有机融合的方案拟定、师资建设、资金预算管理、组织体系设置等工作，秉持和依循立德树人的人才培育导向，充分认识到创新创业创造教育与专业教育相融合的目标及重要性意义，使之贯穿于高职院校人才培养全过程。

2. 转变和更新创新创业创造教育理念

高职创新创业创造教育与专业教育必须相互融合、共同发展，这一意识必须牢固扎根于每一个学校管理者和教学人员的心中。转变部分教师的教育理念单一化的观念，使教师意识到创新创业创造教育与专业教育都是高职教育的重要组成部分。在进行专业教育的同时还要培养学生的创新创业创造意识、精神和能力，给予大学生创新创业创造的启迪和引领，使之成为专业教育的补充和延续，并为学生应用专业知识提供创业实践的理论支撑，从而赋予高职人才培养模式和内容新的意义与内容。

3. 建构多层次的课程体系

在创新创业创造教育与专业教育深度融合的引领下，要建构多层次的课程体系，要将通识教育、专业群平台教育、专业教育、第二课堂相整合，形成四位一体、层次分明、比例协调的多层次课程体系，对不同层次的学生进行不同要求的教育，具体表现为：

在通识教育层面可以设置公共选修课程，培养学生的创新创业意愿，激发学生的创新创业创造动力；在专业群平台教育层次可以设置系列专业选修课程，培养学生的创新创业技巧和技能；在专业教育层次可以设置各类实践活动课程，培养学生的创新创业创造实际运用能力，对学生进行实际的创业指导。

由此可见，在这种多层次的课程体系之中，可以较好地实现创新创业创造教育与专业教育的融合，使创新创业创造教育接地气，让学生在学习和掌握专业知识的同时提升自己的创新创业创造素质和技能。

4. 打造多模式相结合的创新创业创造实践教育体系

可以建构多种模式相结合的创新创业创造实践教育体系，以满足社会需求为导向，进行专业结构调整，构建创新型人才校内外联合培养机制，打造校校、校企、校行、校地合作协同的育人模式。转变单一化的专业人才培养模式，实现多专业的融合型育人模式，更好地促进专业群结构的优化，实现创新创业创造教育与专业教育融合的互利共赢。

5. 优化创新创业创造教育与专业教育融合的教学方法

教师可以采用启发式、讨论式、参与式、体验式、沙盘演练式等不同教学方法和策略，以理论讲授和实训实战、线上与线下相结合、模拟与仿真相结合的方式，激发学生创新创业创造的积极性和热情。并通过改革和优化考核内容与评价方式的措施，形成多样化、多元化的考核评价体系，更好地提升大学生的科研素质、实践能力和团队协作意识。

高校创新创业创造教育与专业教育的融合发展是新时代的要求、社会的需要，高职院校要积极探索适宜于高职特色的人才培养模式，制定多层次的人才培育课程体系，为学生提供创新创业创造实践能力的平台，使学生在掌握专业知识的同时，培育良好的创新创业创造意识、精神、态度和能力。

第四章 创新创业创造教育与专业教育深度融合的济南工程职业技术学院模式

济南工程职业技术学院（以下简称"学院"）以实现创新创业教育与地方经济发展的耦合为取向，充分利用地方的天赋性资源，实施资源全域整合、要素全域配套、过程全域管理、文化全域浸润、帮扶全域覆盖的"全域"教育，构建了面向地方的创新创业教育共同体，实现了创新创业教育与专业教育的深度融合，形成了"全域联动，内融外协，全程帮扶"的创新创业教育模式。近三年荣获全国创新创业典型经验高校、山东省创新创业典型经验高校、山东省大学生创业孵化示范基地、山东省众创空间、山东省十大创业之星、济南市大学生创业孵化基地、泉城众创空间等荣誉，成为职业院校特色发展的典型。

一、打造"一体两翼"双创管理体系，推动"多元主体"双创教育协同

秉承"服务地方，面向产业"的办学宗旨，围绕"校企主导、政府推动、行业指导、学校企业双主体实施"的发展思路，推进创新创业教育内控机制建设，打造了创新创业学院为"体"、创新创业管理服务中心和创新创业技术服务中心为"两翼"的治理架构，成为推动学院面向山东省和数百家地方政府、高校、行业、企业构建创新创业教育共同体的"引擎"（图4-1）。

学院坚持因地制宜、因材施教的基本原则，依托本校特色建立实践教育平台。建有大学生创新创业共同体：

1个学院，大学生创新创业学院占地8000平方米；

2大中心，大学生创新创业管理服务中心、大学生创新创业技术服务中心；

N个平台（15个）：大学生创新创业咨询中心、1个职教集团、2个职教联盟、大学生创客空间、大学生创新创业孵化基地、16个大学生创新创业社团、新媒体·新商业创业孵化基地、未来创新体验室，隶属于大学生创新创业管理服务中心；山东省建筑产业现代化工程技术研发中心、2个技艺技能传承创新平

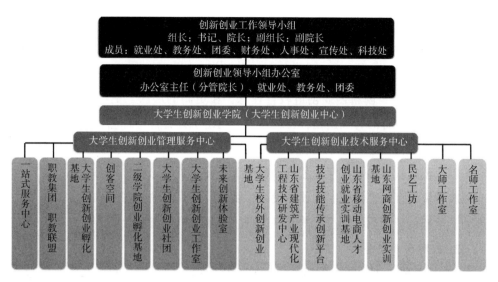

图 4-1　"一体两翼"创新创业管理体系

台、山东省移动电商人才创业就业实训基地、山东网商创新创业实训基地、民艺工坊、5 个大师工作室、8 个名师工作室隶属于大学生创新创业技术服务中心。2个中心都有"创新创业校外实习基地（126 个）"。

为大学生创新创业提供平台支撑与实战指导，从而提升创新创业教育的实效性。

二、"全域联动，内融外协，全程帮扶"的创新创业创造教育模式

在"大众创业，万众创新"时代背景下，学院提出"全域"创新创业创造教育理念（即"资源全域整合、要素全域配套、过程全域管理、文化全域浸润、帮扶全域覆盖"），完善协同育人机制，重构课程体系，使创新创业创造教育成为专业教育的价值导向和专业培养目标的重要实现途径，构建了"全域联动，内融外协，全程帮扶"的创新创业创造教育模式。

（一）"全域"创新创业创造教育理念

学院首先从思想观念入手，更新教育理念。从教育管理者到一线教师都深入进行了教育理念上的革新，提升认识，从为国家战略发展目标提供人才支撑的高度认识、审视和开展创新创业教育。通过宣传和教师的言传身教，让学生明确了创新创业创造教育是自身发展的必由之路，并使学生认识到刻苦学习是一切发展的基础，是在为创新创业创造积聚丰富的知识、强化方法的训练和能力的培养，

也培养了学生的创新创业创造理念和正确的价值观。

1. 教育管理者教育理念

我国高校实行的是党委领导下的校长负责制，以校长为领导核心的教育管理者确立了"全域"创新创业创造教育理念，在更高的层次、更广阔的视野开拓创新创业创造教育的有效途径，合理布局，制定了具有自身特色、合理完善的创新创业创造教育人才培养方案。从师资、课程、资金、资源等方面统筹资源，把创新创业创造教育理念贯穿人才培养各环节。确立了以知识传承为基础的创新创业创造本位教育的价值观。从顶层设计、制度设计、推进步骤、整合资源等维度推动了学校创新创业创造教育的有序进行，开创学校创新创业创造教育新局面。

2. 教师教学理念

"全域"创新创业教育以培养学生的创新意识、创业精神和创新创业创造能力为目标，将创新意识、创新精神和专业技能放在同等重要的位置。

在教学观上确立了学生的主体地位，以学生为中心，充分发挥了学生个性。采用丰富的教学方法，全力培养学生的自学能力，采用启发式探究式教学，充分调动了学生的积极性，激发了学生的创造力，让更多的学生参与到课堂教学中，增加了学生的参与度，锻炼了学生发现问题、分析问题及解决问题的能力。

在师生观上，建立了民主、宽松、包容的师生关系，大力培养学生不畏困难、大胆创新的精神，针对学生的探索尝试，给予积极的鼓励、正面的引导、宽容的氛围。

在学生评价观上，以评价学生创新能力、创新思维为主，采用多元化教育成果评价。

3. 学生学习和就业理念

通过学校的创新创业创造教育，高职生树立起了正确的价值观念、就业理念和职业理想，建立了对国家、对社会的责任感和使命感。

（1）形成创新创业创造观念。学校在思想政治方面加强了创新创业创造教育的引导，明确学习目的，端正学习态度。创建良好的校园文化氛围，依托校园广播电视台、班会、校报、微信公众号、微博等媒介，积极宣传国家对于创新创业创造的相关政策，以及在高职院校开展创新创业创造教育的重要意义，树立创业成功典型，表彰创业之星，发布就业创业信息和行业资讯，以增加学生对创新创业创造教育的认识，普及创新创业创造教育知识，提高了学生学习创新创业创造教育的主动性。为学生了解创新创业创造教育提供了信息获取的渠道和交流的平台。大力宣传优秀企业家的创业经历和成功企业蕴含创新精神的企业文化。在学校网站的主页上专门开辟了创新创业创造栏，宣传创新创业创造教育的优秀成果、先进经验和典型代表，包括校友的创新创业事迹，不仅扩大了学校的影响，更坚定了学生创新创业创造的信心。

（2）增强意识。在日常教学中突出了学生的主体地位，增加了学生在教学中的参与度，激发了学生的学习兴趣，在实践锻炼中，逐步培养起创新精神和创业意识。

（3）注重实践。鼓励学生进行多种形式的创新创业创造实践，积极参与创新创业类社团。以创新创业社团为纽带，集合了各专业各领域有创新创业创造兴趣和愿望的学生，给予他们交流的平台、合作的载体，鼓励他们组建团队参加丰富多彩的创新创业创造活动及各级别的创新创业竞赛，以赛促学、以赛代练，丰富学生的经验。学生在创新创业类社团发挥了自我教育、自我管理、自我提高、自我服务的功能，带动了学校创新创业创造氛围的塑造和整个创新创业创造教育的发展。

（4）转变就业观念。"以创业带就业"。学校采用各种宣传手段和教育手段引导学生树立正确的就业观念，勇于创新，不畏困难，敢于挑战。把创新创业创造行为建立在知识累积和能力培养之上。

（二）重构课程体系，实现专创与人文深度融合

在"全域教育"理念引领下，专业教育以产业需求为牵引，结合专业特色，聚焦学生发展，将创新创业创造教育融入专业教育，确立了立足岗位"求新、敢闯、会创"的高素质创新创业型技术技能人才培养目标。

课程是教学活动的载体，也是创新创业创造教育的主要途径和核心内容，突出创新创业教育的互补性、综合性、实践性。通过课程设计形成了一个结构合理、内容丰富、涉及面广、操作性强的创新创业创造教育课程体系。建设了多元化的创新创业创造教育课程体系，开发了多样化的专业创新创业创造课程，实现了创新创业创造教育与专业教育的深度融合。创建了一个面向全体学生、依托行业、多专融合、分段分层、衔接递进的课程体系，开发线上线下课程，丰富双创教育课程资源，打造了设计科学、结构层次、内容专业的"三模块"，实现了

"三融合"。

1. 通识教育，双创意识与人文素养的培育融合

通识教育阶段，面向全体学生，开设《大学生创新创业》等普及类课程，组建通识模块，关注创新精神培养，普及创新创业基础知识，如创新创业基础理论和企业建立流程等，深化学生对创新创业教育的认知和理解。促进双创意识与人文素养的培育融合。该阶段所采取的教育手段以课堂教学和专家讲座为主。

①专家讲座：通过聘请校内外创新创业教育和实践专家，以及以往创业成功甚至失败者，开展创业管理、大学生创业基本要求等方面的讲座。

②在一年级全校必修课中增设创新创业教育类课时，任课教师以辅导员、学工人员、创业就业人员、工商类教师为主，并将校内外创业实践案例引入课堂作为理论类教学的有效补充，开展实践类经验介绍。

2. 专业教育，校内和校外高度融合

专业教育阶段，围绕产业需求，结合专业特色，聚焦学生发展，将创新创业融入专业，分阶段、分类别实行梯级化人才培养。校企共商培养方案，共享教育资源，共建指导队伍，共评教育质量，构建了校内高度融合、校外深度合作的内融外协人才培养模式。

该阶段专业教育与创新创业教育开始深入融合。首先，将学生按大的专业群进行划分，并根据大的专业群来分门别类地设置创新创业教育内容；其次，在教学内容设计上可以按照某特定专业群的未来发展前景、目前与此群相关的重要企业发展分析等为线索来进行。最后，在此阶段开设创新创业技能类课程，主要讲授创新创业所需的创新创业技能和方法，如产品研发、市场营销、融资方法、人力资源管理等内容。采取的教育手段以课堂教学与创新创业竞赛相结合的方式为主。在课堂教学中，注重案例教学、实验教学，提高学生的感官认知和思考问题、解决问题能力。

在创新创业竞赛方面，除带动学生积极参与国家、省、市等举办的各种创新创业竞赛外，校内也要定期举行各种形式的创业计划大赛，激发学生的创业热情，并为学生后续的创业实践打好基础。

3. 提升教育，双创实务与实践的一体融合

提升教育阶段，面向有创业意愿的学生，开设《创新思维与设计》《商业模式创新》等实务类课程，组建提升模块（图4-2），促进双创实务与实践的一体融合。本阶段的基本教育目标是提高学生创业实践能力，尤其是发现、培育一批创业愿望强烈和创业素质完备的学生，将其作为重点培养对象。

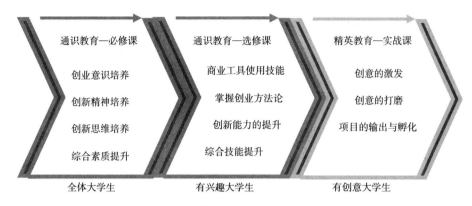

图4-2　"三模块"创新创业教育培养模式

利用创业项目开展创业教育，该阶段创业教育与专业教育的融合主要是在实践中体现，鼓励并引导学生参与到与自身专业相关的创业项目中。

教育手段采取"项目+工作室+实习"三者相互结合的方式。学校与企业合作，建立校外创新创业实习基地，鼓励学生到企业实习。开创企业的毕业生可以继续在大学生创业孵化基地继续创业、继续进行教育、咨询和创新创业服务。学校为初创毕业生提供所需资源，给予必要的创业辅导，提供专业技术支持，鼓励他们积极与学校合作。跟踪分析，从他们的创业实践中获得经验启示，应用于学校创业教育。

（三）筑牢支撑平台，实现资源与要素深度融合

政行企校共建"多边形"平台，提升学生创新创业实践能力。

1. 政—校创新创业实践平台，拓宽学生创新创业视野

政校合作，利用信息和政策资源。引导大学生把握政策，拓宽视野，紧紧围绕区域经济、新旧动能转换，确立创新创业方向。

与山东省住建厅共建装配式建筑全产业链公共实训平台、安全教育体验中心。18年获山东省装配式建筑施工技艺技能传承创新平台。

2. 行—校创新创业实践平台，夯实学生创新创业基础

与中国门窗幕墙、山东省建筑业、山东省化妆品、中国纺织服装等行业协会合作，共建"中国门窗幕墙""山东智慧建筑""山东美妆""中国鲁绣"等创新中心。共同制订行业标准、共建行业学院、开发行业课程，为学生的创新创业打下坚实基础，确立领先优势。

3. 企—校创新创业实践平台，提升学生创新创业能力

（1）创新创业工作室。依托专业实验实训室，联合企业共建大学生创新创业工作室。基于专业产生创意、项目迭代、诞生原型，机器人创新创业工作室与东营胜明玻璃有限公司合作，研发了中空玻璃内遮阳系统，已规模化生产，取得良好社会效益，提升了学生研发能力。

（2）电商孵化基地。电子商务专业与青岛晨之辉信息服务有限公司共建电商孵化基地，锻炼学生的商业模式设计及创业经营管理能力。电子商务专业被省教育厅批准为现代学徒制试点专业。

4. 校—校创新创业实践平台，实现校际互动、同频共振

与山东商业职业技术学院等在创新创业课程体系构建、师资培训、基地建设等方面共同打造校际互动、同频共振的"双创兄弟学院"。

5. 打造众创空间、建设孵化基地，检验学生创新创业实战本领

学校倾力打造了大学生创新创业工作室、泉城众创空间、省级大学生创业孵化示范基地、全球孵化网络等四个层级的分层递进创业实践孵化平台。实现项目培育时间、梯度结构的功能叠加。

"大学生创新创业工作室"以原有专业实训室为基础进行升级改造，是"以客户需求为导向的创意到产品、产品到市场、市场到商业"全仿真模拟实践工作室，工作室以"专业老师+行业导师+创新人才+项目"四位一体的模式，培养学生的创新创业基本素质、创新创业意识和市场经济意识。

"泉城众创空间"是完成团队组建，原型产品开发以及服务模型开发的重要实验区，通过行业导师指导以及市场需求分析，组建适合运营的基础团队以及开发出目标客户所需求的产品原型/服务模型。二级学院众创空间，结合专业进行创意激发、创新实践。

大学生创业孵化示范基地采用"导师+天使"的孵化模式，完成公司注册、产品小试、政策对接等基础工作，创业导师资源对接完成项目初始订单或种子/天使投资，项目以促进科研成果转化+师生共创（专业老师+创业导师）模式+创业就业价值体现为导向，在基地完善的孵化体系的帮助下，完成项目落地以及发展的"从零到一"的重要过程。基地为学生创业提供技术、资金、政策、融资、法律、税务、财务等方面的"一揽子"支持。学校与章丘区高教办、山东科苑创业服务有限公司共建大学生创业孵化基地。与山东新自觉信息科技有限公司共建新媒体新商业创业孵化基地，企业带项目、资源，学生团队运营，以股份制合作的方式创业。先后有108个学生创业团队入驻大学生创业孵化基地。

全球孵化网络，学校孵化基地对于已满足毕业条件的项目，直接对接清华启迪之星全球孵化网络，继续进行加速孵化，形成孵化、加速、成长的三级孵化体系及闭环系统。

2018年"创客工厂"获评"泉城众创空间"，2020年获评省级众创空间；创业孵化基地获评"山东省大学生创业孵化示范基地""市级大学生创业孵化基地"。

6. 开展学生创新创业实践，提升学生的素质

丰富学生创新实践活动。强化课内实践，加强实验、实训、实习教学与管理，培养学生创新思维；加强课外训练，全面开放实验实训室，满足学生创新创业实验实训需要；指导社团活动，按照"一专业、一社团、一实训室、一工作室、一企业、一校内导师、一企业导师、一创业导师"的专业社团"八个一"构建理念组建专业社团；实施项目引领，组织学生广泛参加技能竞赛和科技创新项目研究。

指导学生创业实践活动。建立"赛训互动"竞赛实践长效机制，参加创新创业实践活动的学生覆盖面达100%。近三年共孵化项目142个，实体注册67个，带动273名大学生开展创业实践。

（四）全程精准帮扶，实现教育与帮扶深度融合

创新"跟踪帮扶+强化帮扶+精准帮扶+永续帮扶"的全程帮扶体系，建设创新创业咨询服务中心；建设创新创业服务专业网站、"齐鲁创谷"微信公众号。打造市级创客空间，建设创客咖啡、创客茶吧等，构建立体、系统、互动、共享的创新创业信息资源交流平台。遴选和聘请校内外233名导师，实施双创分层分类指导帮扶。采取校内校外、线上线下、理论实践、课上课下形式，开展立体式创新创业指导，形成"专业培训—项目推荐—资金帮扶—成果转化—氛围营造—指导咨询"的全程帮扶链，开展跟踪指导。构建校内理论教师—创新实践教师—

创业实践导师—产业导师—创业导师的"2 教师+3 导师"多元化师资队伍。为每个在校学生配备一名教师，进行学业跟踪帮扶，帮助学生在学习习惯、学习态度、学习方法等各方面得到改善，挖掘学生潜力，提高学习成绩。为有创业意愿的学生配备校内外教师各一名，提供创业强化帮扶；为入驻孵化中心自主创业的学生配备一个导师团队，开展创业精准帮扶；建立校友服务工作站，对毕业生的创新创业项目进行项目跟踪、技术更新和持续帮扶；对校友创业项目开展立项、孵化，提供专业指导；建立校友创业信息资源库，收集整理校友创新创业好想法、好项目、好资源。为毕业生提供永续帮扶服务（图 4-3）。

跟踪帮扶　　　　　　精准帮扶

强化帮扶　　　　　　永续帮扶

图 4-3　全程帮扶体系

校外导师包括专家导师、实业导师、行业导师、政策导师和法律导师。

（1）专家导师。专门进行创业教育、研究、培训方面的专家教授，做创业和市场规律方面的指导。

（2）实业导师。有实战经验的企业老板，做实操层面的指导。

（3）行业导师。行业协会、商会的专家，行业培训师，进行行业现状和市场前景的分析预测。

（4）政策导师。人社部门、就业服务机构的领导或专家，指导创业者享受当地的创业扶持政策。

（5）法律导师。指导创业人如何规避和解决创业过程中的法律纠纷，为创业人提供法务援助。

三、把个性发展与"典型"培育放在创新创业教育工作的前排

学院积极推进创新创业教育，把创新精神、创业意识和创新创业能力的培养作为人才培养质量的重要指标，面向全体学生开设大学生创新创业必修课，学生的创新创业热情得到极大提升，每年产生大量的创意、创新、创业项目。在实施创新创业教育的过程中，学院发现还存在以下三个问题：

一是创新创业共性教育与个性教育结合的不够紧密。有些学生的创新创业潜质得不到激发，甚至被忽略；正在创业的学生得不到及时的专业帮扶与支持。

二是基于专业进行创新、创业的指导缺乏力度。学生在所学专业领域，将来如何创业感到茫然。

三是对跨专业、复合型创新创业学生的培养过于扁平化，没有架起创新创业教育的立交桥。

针对以上问题，学校采取了以下做法。

（一）成立创新创业特色班

为适应个性化需求，学校把有创业潜质的、有职场创业意向的、有结合专业进行创业想法的及正在创业的学生，打破专业和年级界限进行归类教育。成立了17级市场营销创业特色班、18级智能服务创业特色班。

特色班课程设置与创业项目对接，教学过程与项目实现过程对接，实行导师制、师徒制，学习周期实行常规制（3年或1年）和弹性制（视项目创新创业情况）相结合，教学形式理实一体、灵活多样。

1. 市场营销创业班

2017年为适应有创业潜质学生的需求，联合山东科苑在市场营销专业探索设立创业班，通过自愿报名、面试、能力测评等方式选拔24名学生进入创业班。

课程优化创新创业专家与营销专业导师共同探讨、修改优化人才培养方案，建构了创新思维与设计、产品服务系统创新、商业模式创新、TRIZ—推动创新的技术、大学生KAB创业基础等组成的创新创业类课程体系。

教学多样开展"创新创业大讲堂"，邀请企业家开展创业指导讲座、小型沙龙、创业交流、生存训练、创客指导、角色体验等多种多样的教学活动。

双师指导"校内创业指导教师+成功创业专家+风险投资家"组成创业班师资；每个创业项目配备一名校内创业指导教师和一名成功营销业界专家。

2. 智能服务创业班

2018年，根据学生在智能服务领域创新创业较多的具体实际，学校打破专业界限，跨专业招生成立智能服务领域创业班，学习一年。开设了创新思维与设计、商业模式创新、数据与知识库运用、服务流程与场景服务、创新实践等五门课程。周三下午理论教学，周末实践教学。

采用开放式教学、专业化指导、实战式体验的教学模式，针对每个学生制订个性化培养方案，建立创新创业档案和成绩单，客观记录并量化评价学生开展创新创业活动情况，实现精细化管理。

（二）成立与创业特色班配套的创新创业工作室

基于特色班创新创业实践需求，建设了启点营销创新工作室、新媒体创新工作室、物联网区块链创新工作室、兰苑设计创新工作室等8个配套的工作室。启点工作室孵化的"享帮邦"项目，获得2017年山东省黄炎培职业教育创新创业大赛一等奖、全国三等奖。物联网区块链创新工作室孵化的"智能店长—小黑蛋"项目，由工程造价、电子商务、会计等专业学生创立，获得了2018年山东省科技创新大赛一等奖、山东省黄炎培职业教育创新创业大赛一等奖、"挑战杯—彩虹人生"全国职业院校创新创效创业大赛三等奖，成立了济南易市自动化科技有限公司，实现收入234万元。

由于创业特色班的创新创业工作室的示范带动作用，各二级学院如雨后春笋般成立了共44个"大学生创新创业工作室"，为学生的创新创业实践活动提供更多的空间。

（三）对创业特色班项目全方位支持

（1）政策支持。出台《大学生创业孵化基地管理办法》，对学生创业实体项目给予"十免"扶持（3年内免费提供办公场地及水电、办公桌椅等办公设备，网络接入服务，客户接待室及会议室，创业培训服务，创业政策咨询服务，科技项目申报服务，政策指导服务，创业沙龙活动场所，专利申请服务）、"三有"保障（有资金扶持，给予2000元创业补贴，最高10万元无息贷款，成立二支天使基金扶持创业；有办公场所，大学生创业孵化器，免费为入驻企业提供30平方米左右的办公场所；有创业导师，聘请知名企业家作为创业导师，一对一为创业者提供成长支持）。

（2）场地支持。为入驻项目在创业孵化基地提供办公场所及水电、网络接入、办公桌椅等办公条件。

（3）资金支持。与山东新自觉共同创立天狐创业基金100万元，重点帮扶创业项目；并得到信德开元（北京）基金、恒泰善信资本等风险投资的鼎力支持。

设立创新创业奖学金。

（4）导师支持。聘请知名企业家作为创业导师，在公司运营、商业模式方面一对一为创业者提供成长支持。

二次孵化。学校孵化项目可以到章丘青年创业孵化园、中关村领创空间进行二次孵化。

（四）创新创业教育个性化教育、"典型"培育成效显著

（1）有创业潜质的学生，潜质得到有效挖掘。有创业意向的学生，目标更加明确；在创业的学生公司更加规范、更有前景。

（2）特色班的成立在全校具有示范性、引领性。学生创新创业积极性极大提升，2018年山东省"互联网+"大学生创新创业大赛产生了975个创新创业项目，参赛学生占在校生比例29.1%，每千人报名项目数为80.7个，名列全省第一。

（3）创新创业取得较好成绩。2017创业班学员参加2017、2018年创新创业大赛获得3个省赛一等奖、5个省赛二等奖。

（4）入驻孵化基地的项目，成功孵化率得到提升。2017创业班共产生9个创业项目，4个已经工商注册登记，并入驻创业孵化示范基地，营业收入不断提升。

四、多要素集聚的全生态专创融合闭环新模式

学校从高职教育创新型人才培养为切入点，探究专创融合的创新之路，提出了"多要素集聚的高职全生态专创融合闭环新模式"，采取全新六融合措施：将专创深度融入师生心中，融入人才培养方案中，融入课程建设中，融入创业实践中，融入孵化加速中，融入典型案例中。

（一）课程全员全程基因植入专创融合

学校构建了专创融合课程体系，以"专业老师+创业导师"的形式，开展项目教学。将作业变成作品，将作品变成创意，带领学生了解市场需求，明确产品定位，体验课程的魅力。以专业创新、项目创意为考核目标，通过"双创"大赛，打磨创意；建立"济工CEO培养计划"，以"济工创新人才库"与"济工

创意项目库"为抓手,搭建学校人才与项目发展体系。

(二)分层递进创业孵化体系

学校打造了大学生创新创业工作室、泉城众创空间、省级大学生创业孵化示范基地、全球孵化网络等四个层次的分层递进创业实践孵化平台。

"大学生创新创业工作室"以原有专业实训室为基础进行升级改造,是"以客户需求为导向的创意到产品、产品到市场、市场到商业"全仿真模拟实践工作室,工作室以"专业老师+行业导师+创新人才+项目"四位一体的模式,培养学生的创新创业基本素质、创新创业意识和市场经济意识。

泉城众创空间是完成团队组建,原型产品开发以及服务模型开发的重要实验区,通过行业导师指导以及市场需求分析,组建适合运营的基础团队以及开发出目标客户所需求的产品原型/服务模型。

大学生创业孵化示范基地采用"导师+天使"的孵化模式,完成公司注册、产品小试、政策对接等基础工作,创业导师资源对接完成项目初始订单或种子/天使投资,项目以促进科研成果转化+师生共创(专业老师+创业导师)模式+创业就业价值体现为导向,在基地完善的孵化体系的帮助下,完成项目落地以及发展的"从零到一"的重要过程。全球孵化网络,学校孵化基地对于以满足毕业条件的项目,直接对接清华启迪之星全球孵化网络,继续进行加速孵化,形成孵化、加速、成长的三级孵化体系及闭环系统。

学院返聘已毕业优秀创业学生回校担任专业创业导师,通过"行业师兄弟+行业资源对接+行业人才定向培养+创业精神传承"四步法,形成了学校独有的从基础创新创业教育、专创融合教育、创新型人才培养、项目创意产生、项目创意打磨、原型产品/服务模式开发、定向资源(订单+种子投资)匹配到三级孵化体系、全球顶级资源(技术、资金、市场等)对接的全国领先的多要素集聚的高职全生态专创融合闭环新模式。

五、"四结合、三方面"创新创业个性化人才培养效果评价体系

遵循多元化、个性化、科学化、职业化原则,通过自评与他评相结合、综合性评价与形成性评价相结合、定性与定量评价相结合、评价与建设相结合等方法,从知识结构、能力结构、素质结构三方面设计基于多元智能理论的高职学生

创新创业个性化人才培养效果评价指标体系（表4-1），以检验高职学生个性化培养的创新创业教育实施效果。

表4-1　基于多元智能理论的高职学生创新创业个性化人才培养效果评价指标体系

评价模块	一级指标	观测点	评价内容	评价方式
知识结构	1. 专业课程学习	专业必修课学习情况 专业选修课学习情况	平时课程学习和期末考试	课程期评成绩
	2. 非专业课程学习	公共选修课学习情况 其他专业基础专业课学习情况	学习笔记、课后心得和学习测试	课程成绩
能力结构	1. 职业能力	1.1 获得证书情况	获得各类的资格证书 获得各类有关能力的认证书或获奖证书	资格证书 能力认证书 或获奖证书
		1.2 顶岗实习情况	指导老师检查 学生实习情况 用人单位评价	实习实训手册成绩
		1.3 毕业设计情况	是否认真、独立而正确地完成毕业设计	毕业设计成绩
	2. 实践能力	2.1 课内实训情况 2.2 课外实践活动	实训完成情况 参加课外社会实践情况 参加课外社会实践活动的获奖情况	实训成绩 社会实践报告 获奖证书
	3. 创造能力	创造能力在职场及实践中的	创新创业成果	教师、学校、社会评价相结合
素质结构	1. 心理素质	自我调控情况 与人相处情况	是否具有良好的意志品质和心理承受能力 是否善于与人沟通交流和融洽相处	自评 他评
	2. 身体素质	身体状况 体育成绩 参与各类体育活动情况 在各类体育活动的获奖情况	有无重大疾病 体育课项目有无达标 是否积极参与各类体育活动 获得获奖证书	自评 体育课成绩 参加活动记录资料 获奖证书
	3. 信息素质	信息获取和利用能力 计算机应用能力	成果展示 获得计算机等级证书	教师、学校、社会评价相结合 计算机等级证书

基于多元智能理论的高职学生创新创业个性化人才培养效果评价体系更注重对学生能力和素质的评价，学生、教师、学校、社会都是评价的主体，体现了主客观评价并存的多元的特点，使得评价效果更具客观性和公正性。

通过定性定量评价并存来设计评价的观测点和内容，使评价结果更具科学性和合理性，整个评价体系充分体现了"只要肯努力肯付出有创意，人人可以成才"的科学人才评价观。对于整个个性化人才培养评价体系具体的实施效果，可以通过依靠信息技术的文件夹评价法完成，让学生从入校开始就学会将自己高职三年的成长过程通过自己的文件夹完整地在电脑上记录下来，可以按照知识、能力、素质三个模块来设计，也可以充分体现自己的个性与创意，它将成为个性化人才培养评价体系实施效果的有力证明材料，使学校、社会能更直观、全面、动态地了解每个学生个性化培养的成长过程。另外，学生在不断地完善和丰富自己的文件夹的同时，也学会了归纳、总结、创造、进取、感受成功，它将成为那些有梦想有个性的高职创新创业人才宝贵的成长资料。

第五章　专创融合的教改实践与探索

一、专创融合的由来与必要性

（一）习近平总书记在全国教育大会上的重要讲话

2018 年 9 月 10 日，全国教育大会在北京召开。习近平总书记发表重要讲话。

习近平指出，要全面贯彻党的教育方针，坚持马克思主义指导地位，坚持中国特色社会主义教育发展道路，坚持社会主义办学方向，立足基本国情，遵循教育规律，坚持改革创新，以凝聚人心、完善人格、开发人力、培育人才、造福人民为工作目标，培养德智体美劳全面发展的社会主义建设者和接班人，加快推进教育现代化、建设教育强国、办好人民满意的教育。

习近平指出，在实践中，我们就教育改革发展提出一系列新理念新思想新观点，主要有以下几个方面，坚持党对教育事业的全面领导，坚持把立德树人作为根本任务，坚持优先发展教育事业，坚持社会主义办学方向，坚持扎根中国大地办教育，坚持以人民为中心发展教育，坚持深化教育改革创新，坚持把服务中华民族伟大复兴作为教育的重要使命，坚持把教师队伍建设作为基础工作。

习近平指出，要努力构建德智体美劳全面培养的教育体系，形成更高水平的人才培养体系。要把立德树人融入思想道德教育、文化知识教育、社会实践教育各环节，贯穿基础教育、职业教育、高等教育各领域，学科体系、教学体系、教材体系、管理体系要围绕这个目标来设计，教师要围绕这个目标来教，学生要围绕这个目标来学。凡是不利于实现这个目标的做法都要坚决改过来。

习近平指出，要深化教育体制改革，健全立德树人落实机制，扭转不科学的教育评价导向，坚决克服唯分数、唯升学、唯文凭、唯论文、唯帽子的顽瘴痼疾，从根本上解决教育评价指挥棒问题。要深化办学体制和教育管理改革，充分激发教育事业发展生机活力。要提升教育服务经济社会发展能力，调整优化高校区域布局、学科结构、专业设置，建立健全学科专业动态调整机制，加快一流大学和一流学科建设，推进产学研协同创新，积极投身实施创新驱动发展战略，着重培养创新型、复合型、应用型人才。要扩大教育开放，同世界一流资源开展高水平合作办学。

（二）关于深化高等学校创新创业教育改革的实施意见

国务院办公厅《关于深化高等学校创新创业教育改革的实施意见》（国办发〔2015〕36号）明确了创新创业教育改革整体部署。

文件明确提出了现实中不容忽视的突出问题，主要是一些地方和高校重视不够，创新创业教育理念滞后，与专业教育结合不紧，与实践脱节；教师开展创新创业教育的意识和能力欠缺，教学方式方法单一，针对性实效性不强；实践平台短缺，指导帮扶不到位，创新创业教育体系亟待健全。

文件在"主要任务和措施"健全创新创业教育课程体系中提出，各高校要根据人才培养定位和创新创业教育目标要求，促进专业教育与创新创业教育有机融合，调整专业课程设置，挖掘和充实各类专业课程的创新创业教育资源，在传授专业知识过程中加强创新创业教育。面向全体学生开发开设研究方法、学科前沿、创业基础、就业创业指导等方面的必修课和选修课，纳入学分管理，建设依次递进、有机衔接、科学合理的创新创业教育专门课程群。

（三）关于深化本科教育教学改革全面提高人才培养质量的意见

教育部《关于深化本科教育教学改革全面提高人才培养质量的意见》（教高〔2019〕6号）也对创新创业教育提出了明确要求。

（1）激励学生刻苦学习。要提升学业挑战度，强化人才培养方案、教学过程和教学考核等方面的质量要求，科学合理设置学分总量和课程数量，增加学生投入学习的时间，提高自主学习时间比例，引导学生多读书、深思考、善提问、勤实践。

（2）全面提高课程建设质量。实施国家级和省级一流课程建设"双万计划"，着力打造一大批具有高阶性、创新性和挑战度的线下、线上、线上线下混合、虚拟仿真和社会实践"金课"。

（3）深化创新创业教育改革。挖掘和充实各类课程、各个环节的创新创业教育资源，强化创新创业协同育人。

（4）推动科研反哺教学。强化科研育人功能，推动高校及时把最新科研成果转化为教学内容，激发学生专业学习兴趣。加强对学生科研活动的指导，加大科研实践平台建设力度，推动国家级、省部级科研基地更大范围开放共享，支持学生早进课题、早进实验室、早进团队，以高水平科学研究提高学生创新和实践能力。统筹规范科技竞赛和竞赛证书管理，引导学生理性参加竞赛，达到以赛促教、以赛促学效果。

（5）严把考试和毕业出口关。完善过程性考核与结果性考核有机结合的学业考评制度，综合应用笔试、口试、非标准答案考试等多种形式，科学确定课堂问答、学术论文、调研报告、作业测评、阶段性测试等过程考核比重。

（6）深化高校专业供给侧改革。以经济社会发展和学生职业生涯发展需求为导向，构建自主性、灵活性与规范性、稳定性相统一的专业设置管理体系。完善人才需求预测预警机制，推动本科高校形成招生计划、人才培养和就业联动机制，建立健全高校本科专业动态调整机制。以新工科、新医科、新农科、新文科建设引领带动高校专业结构调整优化和内涵提升，做强主干专业，打造特色优势专业，升级改造传统专业，坚决淘汰不能适应社会需求变化的专业。

（四）关于印发国家职业教育改革实施方案的通知

国务院《关于印发国家职业教育改革实施方案的通知》（国发〔2019〕4号）对职业教育改革提出了全面要求。

文件提出，与发达国家相比，与建设现代化经济体系、建设教育强国的要求相比，我国职业教育还存在着体系建设不够完善、职业技能实训基地建设有待加强、制度标准不够健全、企业参与办学的动力不足、有利于技术技能人才成长的配套政策尚待完善、办学和人才培养质量水平参差不齐等问题。

文件要求，落实好立德树人根本任务，健全德技并修、工学结合的育人机制，完善评价机制，规范人才培养全过程。深化产教融合、校企合作，育训结合，健全多元化办学格局，推动企业深度参与协同育人，扶持鼓励企业和社会力量参与举办各类职业教育。

文件要求，高等职业学校要培养服务区域发展的高素质技术技能人才，重点服务企业特别是中小微企业的技术研发和产品升级，加强社区教育和终身学习服务。

文件要求，职业院校应当根据自身特点和人才培养需要，主动与具备条件的企业在人才培养、技术创新、就业创业、社会服务、文化传承等方面开展合作。

综上所述，当前开展专业教育与创新创业教育的有机融合（以下简称"专创融合"），是高等教育教学改革的政策性的要求、规律性的遵循、趋势性的必然、实践性的探索。

（1）专创融合的核心是更好地完成立德树人的根本任务。

（2）专创融合在国务院办公厅《关于深化高等学校创新创业教育改革的实施意见》国办发〔2015〕36号文件中明确提出。

（3）专创融合的人才培养方向是为国家创新驱动发展战略提供人才支撑，全面提升人才培养质量。

（4）专创融合是教育教学改革的有效路径，也是一个教育改革的系统工程。重在引导学生多读书、深思考、善提问、勤实践。坚持以学生为主体，以教学为中心，突出创新意识和实践能力，着重培养创新型、复合型、应用型人才。

二、专创融合的教改方向

（一）专创融合的教改定位

专创融合教改是通过创新创业教育资源和思维，对专业课程进行再造和升级，实现创新创业教育对专业课程的赋能，使专业课程更具有时代性、时效性、引导性和基础性，更有利于人才培养。

专创融合教改包括的不仅是课程，首先是对人才培养方向和培养方案的完善与优化；同时，还应基于课程延展到教学实验、教学活动、教学实践，不仅存在于第一课堂，更应贯通至第二课堂、第三课堂的教学应用。专创融合教改对培养学生应对知识爆炸与VUCA时代〔volatility（易变性），uncertainty（不确定性），complexity（复杂性），ambiguity（模糊性）的缩写，指的是变幻莫测的时代〕具有明显的时代作用。

（二）专创融合的教改必要界定

1. 对专创融合教改的认知前提

（1）教改侧重方向的认识。目前，高校的人才培养依然是按专业类型进行划分，虽然在不断深化改革，但当下开展专创融合教改，必然要尊重现实的人才培养体制，循序渐进地探索与推动改革。因此，结合政策具体要求和对现实的理解，我们认为专创融合教改更多体现为对创新创业教育推动专业教育的改革，提升专业教育和专业人才的培养质量。

（2）创新创业教育的认识。有必要全面认知创新创业教育特色与要求，才能更有效地将其融入专业教育教学和人才培养中，切实支撑人才培养模式的变革与创新。总结创新创业教育的特色与要求如下：

①国务院办公厅《关于深化高等学校创新创业教育改革的实施意见》国办发〔2015〕36 号文件有明确的要求。在完善人才培养质量标准中明确提出，使创新精神、创业意识和创新创业能力成为评价人才培养质量的重要指标。在健全创新创业教育课程体系中明确提出，面向全体学生开发开设研究方法、学科前沿、创业基础、就业创业指导等方面的必修课和选修课，纳入学分管理，建设依次递进、有机衔接、科学合理的创新创业教育专门课程群。

在创新人才培养机制中明确提出，高校要打通一级学科或专业类下相近学科专业的基础课程，开设跨学科专业的交叉课程，探索建立跨院系、跨学科、跨专业交叉培养创新创业人才的新机制，促进人才培养由学科专业单一型向多学科融合型转变。

在改革教学方法和考核方式中明确提出，各高校要广泛开展启发式、讨论式、参与式教学，扩大小班化教学覆盖面，推动教师把国际前沿学术发展、最新研究成果和实践经验融入课堂教学，注重培养学生的批判性和创造性思维，激发创新创业灵感。运用大数据技术，掌握不同学生学习需求和规律，为学生自主学习提供更加丰富多样的教育资源。改革考试考核内容和方式，注重考查学生运用知识分析、解决问题的能力，探索非标准答案考试，破除"高分低能"积弊。

把握好文件的要求，我们应看到在创新创业教育方向定位方面、课程体系方面、人才培养机制方面、教学方法和考核方式方面均具有不同于目前常规专业课程的鲜明特色。

②现实中，高校在不同程度上开展了创新创业基础教育，特别是以"互联网+大学生创新创业大赛"为代表的系列双创赛事活动，营造了高校的创新创业教育氛围，在此背景下，以赛促教、以赛促学、以赛促创、以赛促建、以赛促改等，形成了推进创新创业教育的行为和思维路径。赛，就要以项目为载体，以项目的实施效果为支撑，以项目的呈现水平为评审依据。因此，在以赛促 N 的背景下，对创新创业教育以及专创融合中"创"的特色提出了新的要求。

体现 OBE 教育理念，不仅要提升学生的能力素质，还要有可展示、有价值的项目成果。

体现以问题为导向的 PBL 教学方法，引导学生发现问题，在学习和实践中解决问题，形成具有一定的创新，且基于专业与跨专业的解决方案。

体现以项目为导向的 PBL 教学方法，引导学生学以致用，解决方案尽可能形成产品或服务的原型，并在实践中验证有效性和可行性。

采用小组式的教学组织，在教学中采用创新创业团队的管理模式，培养与锻炼学生的团队合作意识和领导力。

项目不是一蹴而就的，需要一个不断成长的过程，这就要求课程的教学逻辑、知识逻辑与项目成长逻辑相吻合，需要对课程结构实施优化与再造。

创新是相对的，首先要清楚当前的主流是什么，最好的是什么，在此基础上才可谈新，为此，引导学生关注行业发展，拓展性学习，建立全球视野是创新思维的前提与思维支撑。具有时代性的创新创业教育，天然具备了课程思政、劳动教育和美育教育的内容属性。

可以体现课程思政的有：创业动机、创新创业精神、项目创意、创业团队、法制意识、可持续发展与项目规划等。

可体现劳动教育的有：田野调查、市场分析、创新思维、原型创造、项目验证、项目实操等。

可体现美育教育的有：原型设计、项目宣传、项目展示、商业计划书、路演等。

2. 创新创业教改的实施界定

（1）教改的推进主体：教务处、创新创业教学管理单位。

（2）教改的实施主体：专业教师。

（3）教改实施单位：二级学院及所属专业。

（4）教改内容：基础课与专业课。

（5）教改课程：专创融合课程是有机融入创新创业教育的专业课程。依然是专业课程。专创融合的课程内容，依然是专业课程内容，只是将创新创业教育的内容、方法和思维有机融入专业课程的知识学习、能力训练和素养培养中。

（6）课程特色：专创融合课程实施项目制教学（PBL）时，项目是体现课程高阶（布鲁姆教育目标分类）成果的载体，是教学目标与教学效果的综合体现，往往是课程教学的实践项目，而非双创项目；但一定是双创项目的基础和源泉。

（7）专创融合的教改，应同时体现课程思政、劳动教育和美育教育。

三、专创融合的教改实践路径

（一）专创融合的教改原则

1. 围绕一个导向

以专业/行业市场的需求和行业创新发展趋势为导向。将双创的思维、理念和方法融入专业背景下的人才培养中。

2. 突出一个中心

以学生为中心。一切教育教学行为以学生的成长和学生的职业发展为中心，推动学生在校期间的成长，并培养进入社会后支持职业发展的可迁移能力，特别是自主学习能力、团队协作能力、创新探索能力。

3. 强化一个主体

以课程教学为主体，优化第一课堂，贯通第一、第二、第三课堂，强化理论与实践相结合，学以致用；并引导跨专业、跨学科的，对接社会现实和资源的学习与实践。

4. 遵循三个规律

（1）遵循人才成长规律，充分了解学情，把握"Z世代"学生的特点，构建具有时代性的学习情境和氛围，循序渐进引导与督促学生成长。体现OBE教育理念，使教学目标与学生个体成长目标协调统一。

（2）遵循教育规律，把握好由浅入深，由感性认知到理性认知，由理论到实践，由实践到反思内化的过程，不断丰富学生学习的成就感与收获感，进而激发更强的学习动力。

（3）遵循项目运作规律，运用PBL教学方法，基于市场和客户的需求激发创意，优化创意并对标先进标杆发现机会，运用知识、技能和资源寻找切入点，完成田野调查和产品原型，推进原型市场验证与项目实践。

5. 突出三项指标

（1）价值素养指标：强化课程思政，解决为什么学、学什么、怎么学、怎么用的基础问题，融入创新思维、批判性思维和全球视野，激发学生学习的内在动力。

（2）知识传授指标：突出基础知识、重点与难点知识，引导相关知识的自主学习，梳理并构建知识逻辑和知识框架体系，推进知识的内化和实践应用。

（3）技能训练指标：在突出专业技能培养的同时不断强化可迁移能力的培养。训练发现问题、提出问题、分析问题、分享问题、解决问题、迭代问题的能力。

（二）学院/专业定位与人才培养方向的梳理与优化

1. 学院定位与人才培养方向的梳理

（1）以前述教改原则为方向，重点梳理人才培养的有效性，目标达成度。

（2）通过切实的市场调研和反馈，把握实际教学效果和人才培养质量。

（3）梳理内容。

①职业面向（学院所对应的产业发展对职业和专业人才的诉求）。国家及省内相关行业的就业需求，以省内为主（文字描述，标明出处，不可主观臆断）。近三年专业毕业生就业率和就业对口率（毕业生调查）。

②典型岗位需求分析。省内主流就业岗位，不少于5家，可包含目前与贵校合作的主流用人单位，在行业方面，眼界要宽一些，比如服装，可以是服装行业，也可以是零售行业、电商行业等，如表5-1所示。

表5-1 典型岗位需求分析

序号	企业名称	所属行业	与本单位相关岗位需求

③产业中典型岗位胜任力分析。省内主流就业岗位的分析与胜任力要求，包括主要工作内容、职业素养、职业能力、专业知识等，从不少于三家头部企业的岗位分析中提取，并参考人才市场的发展趋势，如表5-2所示。

2. 学院定位与人才培养方向的优化

（1）基于职业胜任力的人才培养模式路线图。根据典型岗位的职业胜任力模型，在遵循三个规律的基础上，构建人才培养模式路线图（表5-3），完成具有系统性的人才培养阶段目标设计，可充分体现以学生为中心的原则。

表5-2 产业中典型岗位胜任力分析

背景依据								
序号	企业名称	所属行业	岗位名称	工作内容	职业素养	基础技能	专业技能	基础知识
提炼总结								
岗位工作内容		1. 2. 3. 4.						
胜任力	职业素养	如创新意识、勤奋、法制意思等						
	基础技能	如计算机、沟通表达等						
	专业技能	如识图、市场分析等						
	基础知识							

表5-3 基于职业胜任力的人才培养模式路线图

学期	素养指标（叠加）		知识指标（叠加）		技能指标（叠加）	
	基础类	专业类	通识类	专业类	迁移能力	职业技能
学期1						
学期2						
学期3						
学期4						
学期5						
学期6						

　　（2）课程设置优化与课程再造。学期内的课程设置是达成人才培养阶段目标的重要手段，充分体现以课程教学为主体的原则。课程设置应综合满足人才培养目标的达成，课程之间具有关联性、互补性和拓展性（表5-4）。

表 5-4　课程设置优化

课程		课程 1	课程 2	课程 n
课程名称				
课程性质		□ 公共基础 □ 专业基础 □ 专业课 □ 任选课 □ 其他		
课程概述				
学时数				
课程前置条件				
课程关联与拓展				
素养指标	基础类			
	专业类			
知识指标	通识类			
	专业类			
技能指标	迁移能力			
	职业能力			
社会实践与资源				
可视化教学成果				

（三）专创融合的课程解析与教学目标设计

在明确实施专创融合课程教改的情况下，需要对具体的课程进行全面的解析，明确课程教学目标。

1. 专创融合的课程解析

专创融合的课程解析是基于专创融合教改方向，对现有课程的全面分析。找出现有课程存在的问题，以利于明确教改的内容范围、工作重点和实施步骤。

课程解析包括：课程基本信息、目前教学效果、课程对人才培养目标达成度的贡献、所用教材、教学组织、教学方法、课程考核方式、教学资源建设、课程关联度等内容。

2. 专创融合的课程教学目标

专创融合的课程教学目标是教改的方向，以及验证课程教改质量和教学效果的依据。同时，由于创新创业教育的天然特性，需要在课程教学目标中不仅仅体现创新创业教育的内容，还应同时体现课程思政、劳动教育和美育教育，使教改成果更丰满。课程教学目标设计，可依据教学目标设计表（表5-5）完成。

表5-5　专创融合课程建设之教学目标设计表（混合式金课）

课程信息				
课程名称			课程学时	
课程学分			所属学院/专业	
课程定位	□公共基础　□专业基础 □专业核心　□专业课 □实践课　　□实验课		课程形式	□大班 □小班
课程性质	□必修课　　□选修课		班级人数	
前置课程				
后续与关联 课程				
考核方式			教材选用	
课程设置对 人才培养 方向的支撑 说明	课程设置与社会需求对接，课程内容与职业标准对接，教学过程与生产过程对接；价值塑造与知识传授、能力培养一体化			
原教学目标				
新课程教学目标				
基于布鲁姆教育目标分类法的说明	认知层次： 对信息的记忆	引用、找到、查找、定义、描述、列举、识别、匹配、记住、命名、认出、记录、复述、重复、报告、说明、陈述、列表、标明等		
	理解层次： 用自己的语言 解释信息	确认、澄清、分类、叙述、解释、鉴别、选择、转换、区别、引申、归纳、举例说明、摘要、改写、推断、评阅、释义、说明、讨论等		
	应用层次： 将知识应用于 新的情景	应用、计算、运用、实行、示范、改变、阐述、修改、制定……方案、展示、估算、操作、表演、练习、模拟、使用、解答、实施等		

137

续表

新课程教学目标		
基于布鲁姆教育目标分类法的说明	分析层次：将知识分解，找出各部分之间的联系	分析、对照、分类、比较、图示、检查、评价、估量、把……归类、对比、探测、分解、归纳、设想、假设、整理、组织、概述、总结、测试等
	评价层次：根据一个标准做出价值判断	鉴别、比较、评定、判断、总结、证明、核对、说服、辩护、给……评级、推荐、预判等
	综合创造层次：将知识重新组合，形成新的体系	编写、创造、设计、提出、聚焦、组合、构建、谋划、开发、发明、计划、制定、修订、提议、重组、转变、构想、策划等
基于布鲁姆教育目标分类法的教学目标描述（一句话说明）	认知： 理解： 应用： 分析： 评价： 综合/创造：	
创新创业融合点	同理心（以市场/客户服务为中心） 批判性思维（发现问题、提出问题） 发散思维（分析问题、借鉴创新、微创新） 企业家精神（创业精神、执行力、工匠精神） 新技术视野（行业发展趋势） 美好生活需求（创新的价值与方向） 自主学习能力（课内+课外） 沟通、表达与团队协作能力（分析问题、解决问题）	在"情景与案例"中体现为： 在"问题引导"中体现为： 在"分组教学"中体现为： 在"课堂训练"中体现为： 在"实践项目"中体现为： 在"作业任务"中体现为： 在"学习成果"中体现为：

新课程教学目标		
课程思政融合点	世界观、人生观、价值观、职业观 四个自信 习近平新时代中国特色社会主义思想 中华优秀传统文化教育 宪法法治教育 职业理想和职业道德教育 社会主义核心价值观 爱党、爱国、爱社会主义、爱人民、爱集体 新时代主要矛盾 国家和区域发展需求 行业和职业发展需求	在"价值塑造"中突出： 在"知识传授"中强调： 在"能力培养"中体现： 在"课堂教学"中落实： 在"实践教学"中开展： 在"教学方法"中改进：
劳动教育结合点	新知识、新技术、新工艺、新方法的应用 职业经验的积累 解决问题的能力 树立正确择业观 公共服务意识与风险精神	在教学引导中体现为： 在教学过程中体现为： 在教学成果中体现为：
美育教育结合点	社会主义核心价值观 正确审美观念培养 社会及职业道德情操培养 中华优秀传统文化传承 革命文化 创新能力培养 艺术经典教育	在教学引导中体现为： 在教学过程与内容中体现为： 在教学成果中体现为：
可视化的教学成果	1. 目标与反思 2. PBL成果（知识地图、调研报告、创新设计、实践项目） 3. 活页教材与学习手册 4. 视频与图文作业 5. 对接社会的交流、展示、竞赛 6. 导师评价 ……	
新教学目标综述		

（四）专创融合课程教学内容逻辑再造

1. 首尾呼应，强化教学目标达成度

在课程开始时要求学生基于课程教学目标，制定出自己（和小组）的学习成长目标和实现路径，以此强化学生对课程的重视。在课程结束后要求学生对照原定目标进行达成度的自我评价与小组内的交叉评价，并完成课程小结（300 字+1 分钟短视频）。

2. 强化 OBE 教育理念，突出可视化教学成果

以课程教学目标为成果导向，使教学成果伴随教学的进展不断完善，突出课程教改的结果导向。应用 OBE 教育理念时应注重以下问题：

（1）我们想让学生取得的学习效果是什么？

（2）我们为什么要让学生取得这样的学习成果？

（3）我们如何有效地帮助学生取得这些学习成果？

（4）我们如何知道学生已经取得了这些学习成果？

（5）我们如何保障让学生能够取得这些学习成果？

可视化教学成果及其形成过程，可以有效推进学生学习的连贯性和探究性，使学生增强学习的成就感和获得感。可视化教学成果应伴随课程的开展，分割为多个单元模块，最终累加优化而成。对学生的教学成果主要体现在：

（1）绘制自己理解的知识地图，建立体现本门课程核心知识点的知识逻辑与知识体系，并结合自己的观点进行必要的知识拓展。

（2）完成以调研报告、案例分析、创新设计、原型制作等为代表的课程实践项目。采用实物或图文展示（含推介海报）的方式提交后，进行考核评价。

3. 实施 PBL 教学，引导自主学习和实践

以问题为导向引导学生学习的同时，以项目为导向作为学习的载体，并具象化承载创新创业教育的内容，使学生在真实的、可触及的，可感受与引发共鸣的场景下开展学习，并在学习的过程中发现问题、提出问题、分析问题、分享问题、解决问题、迭代问题，可以较好地激发学习动力和新奇的创意。

在采用问题导向引导开展教学时，重点在于将批判性思维、发散思维、同理心思维等创新思维模式引入教学中，体现以学生为中心，教学引导中应着重体现以下内容：

（1）提供现实中真实场景，在场景中提出问题。

（2）明确问题的价值和解决问题的方向。

（3）当前的解决方案有哪些问题。

（4）更好的解决方案需要从哪里入手。

（5）更好的解决方案需要哪些基础条件。

（6）更好的解决方案借鉴哪些成功经验。

（7）我们需要学什么、做什么、思考什么、创新什么。

（8）如何让市场接受新的解决方案。

在采用项目导向推进自主学习和实践时应注意：

（1）项目核心与课程核心相对应，课程核心应在一定程度上可以解决项目核心的问题。

（2）项目要求与目标应具有一定的挑战性，便于激发学生的自主学习和实践探究。

（3）项目具有持续性，课程进展与项目推进和完善相一致。

（4）项目具有实际价值，可通过社会第三方进行验证。

（5）项目成果（含阶段成果）可进行展示和评价。

4. 采用第一、第二、第三课堂贯通式分组教学管理

以第一课堂的教学为基础，将第二课堂的校园实践、实验和活动与第三课堂的社会实践、实习、项目和活动等有机对接。采用分组式教学模式，以作业、任务、项目等手段，强化引导分组教学在课外的实际作用，实现课程设置与社会需求对接，课程内容与职业标准对接，教学过程与生产过程对接，学习过程与工作过程对接。突出培养学生的知识应用能力和基础职业胜任力（团队协作意识、沟通表达、责任心等）。

（五）专创融合课程教改的可视化教学成果

专创融合课程教改的主体是教师，受体是学生。可视化的教改成果应综合体现在教师层面和学生层面。同时，教学成果应能客观反映课程教学目标的达成度，便于实施教学质量管理和评估，进而推进人才培养质量的不断提高。

新媒体、自媒体和教育信息化的广泛应用，以及教材的创新等，为可视化的教学成果提供了技术空间与可操作路径，可以使教学成果更具有时代性、感召性和影响力。

可视化的教学成果可分为过程性的成果和结果性的成果，便于与过程性考核与结果性考核相对应，将成果纳入考核管理，使其能更好地诠释教学目标达成度。

（1）过程性的可视化教学成果。

①教师。课程教学资源体系，重点在于各个教学单元的案例视频、教学视频的不断更新，以及拓展性学习资源的提供。

②学生。在教师引导下分阶段完成训练手账、知识地图、任务作业（视频）、项目创意（视频）、反思视频等。

（2）结果性的可视化教学成果。

①教师。完整教案、完整课件、完整视频体系、训练体系、作业任务体系等。

②学生。课程总结与反思、教学训练任务/项目成果、成果展示视频、知识的场景应用视频等。

（六）专创融合课程教改的考核设计

（1）课程考核模式具有很强的教学引导性和学习行为的引导性，也是教学目标达成度验证的重要依据。过程性考核+结果性考核是专创融合课程教改的特色之一。这种考核模式更好地反映出素养指标、知识指标和技能指标的达成度；可视化教学成果可以更好地诠释和量化课程教学指标的达成度。

（2）通过多年的教学实践探索，能够客观反映教学目标达成度的考核需要解决好以下问题：

①教学成果需要具备可反映素养指标、知识指标和技能指标的可视化、可比化、可量化的内容。

②过程性指标应以过程性考核为主，结果性考核只做补充性的调节。

③结果性指标应是过程性指标的综合反映，体现对人才成长规律和教育规律的遵循。

④各类指标的评判与评判依据应能反映出学生个体之间的差距，而这种差距是伴随课程教学进程动态变化的。

（3）"积分博弈制过程性考核+结果性考核"是学院探索出的适用于当代高校课程质量管理的课程考核模式，可以更好地激发师生参与课程教学的热情，为教学目标的达成提供持续动力。积分博弈制过程性考核+结果性考核在专创融合课程教改中的实施时，需要注意以下内容。

①实施分组教学，将教学管理单位由学生个体，精简到学习小组，降低教师的教学管理幅度与管理频度。

②设定科学的过程性考核指标体系和权重，如考勤、作业、课堂训练、课堂互动、小组分享等考核项。各考核项的具体要求应结合内容反映出素养指标、知识指标和技能指标的要求。过程性考核指标项以学生个体为主要考核对象，个别的可针对学习小组。

③设定科学的结果性考核指标体系和权重，如调研报告、产品创意、项目原型、课程总结与反思等，各考核项的具体要求应结合内容反映出素养指标、知识指标和技能指标的要求。结果性考核指标项以学习小组为主要考核对象。个别的可针对学生个体。

④以小组作为考核对象时，采用小组得分后的组内二次评价的方式，得到学生个体成绩。引导学生的组内协作，积极为小组做贡献的行为，避免"刷课"现象。

⑤学生个体成绩通过积分累加，动态变化，实时呈现。使学习过程成为争取积分的过程，引入"游戏上瘾模式"，激发学习行为和内生动力，进而显著地增强了学习的获得感与成就感。

（4）通过采用积分博弈制过程性考核+结果性考核的模式，使考核机制成了教学管理手段，覆盖了课程教学的全过程，集中体现了学习努力与不努力的差距，学习质量的差距，使学生认知到成绩是自己努力的结果而非考前突击的结果。因此保证了课程教学目标的达成度。

（七）专创融合课程教改的教学资源建设

专创融合课程教改方向是课程教学质量的提升，良好的教学资源建设是保证教学质量的基础。在科技高速发展、知识爆炸和VUCA时代的背景下，创新创业教育的内容具有很强的时代性、时尚性、时效性和时空性。这就要求专创融合课程的教学资源的更新频率远远大于传统的理论教学课程。即便是基础性的理论课程，理论不变，但是认知与学习理论的应用场景在发生变化，理论的发展也在发生着变化，这就对教师的教学引导提出了更高的要求。

为适应信息化教学的发展趋势，更好地落实相关政策的要求（如金课建设、精品在线课程、教学能力大赛等），专创融合课程教改以"线上+线下、教学+实践混合式金课"作为改革方向，依此进行教学资源建设。

1. 专创融合课程教改的教学资源建设的可视化内容

（1）文档类。包括教学大纲、教案、课件、作业任务等。

（2）视频类。

①教学视频。以教师为主体，开展教学组织与引导的视频（包含课后作业与任务的安排）。

②案例视频。创建教学情境，引发学习讨论与训练的视频。

③微课视频。理论与知识讲解的视频。

（3）教材类。更多采用活页式和与二维码相结合的校本教材形式，强化教材的有效性和实用性。使教材真正成为学习的载体和工具。

①将教材内容划分为板块在各个教学单元中体现，有课程知识内容、教学引导内容、课堂训练内容、课后作业与任务内容和拓展学习内容。

②根据课程的对象和教学目标、学时安排，灵活组合以上内容。

③通过二维码链接信息化平台，使学生便于获取学习资源，形成系统性学习与碎片化学习的有机结合。

2. 专创融合课程教改的教学资源建设采用动态良性循环模式

（1）专创融合课程在融入了创新创业教育思维和内容后，更倾向于知识的应用和人才能力素质的培养。真实的应用场景和科学的教学引导是提升课程质量的关键点，也是落实"OBE+PBL"的关键所在。这就要求对教学资源要进行持续性的更新与创新，才能实现因材施教和课程教学目标。这也对教师提出了更高的备课要求。

（2）在前述三类教学资源中，课件更新与案例视频、教学视频的更新是在教学实践中最好把握，也是最有效的。更新的内容来自两个方面：

①教师自行准备的更新内容。

②将学生的训练、任务、作业、项目作为更新内容的引导，通过引导学生回顾与评价自己或他人完成的实践成果，既可以起到课程之间的串联作用，激活旧知，又可以引导学生的实践伴随课程不断深入。既体现了过程性，有指向了结果性的成果。

（八）专创融合课程的教学方法

1. 五步实践教学法

（1）五步实践教学法是基于 OBE 教育理念，PBL 教学方法和"五星教学法"，通过长期教学实践探索而形成了具有中国高等职业教育特色，体现以学生为中心，适用于教学改革和提升教学质量的教学法。

（2）五步实践教学法由"构建情境—协作探讨—知识建构—应用验证—反思内化"五个步骤构成。强化了课堂教学中教师的引导作用，课堂互动作用、知识解析作用，推进了批判性思维、发散思维和同理心思维的培养，并使各个单元的教学相互衔接，形成教学螺旋，推进教学目标的有效达成。

①构建情境。采用案例视频+教学视频（作业回顾）的方式，将学生快速有效地唤醒。

②协作探讨。基于情境提出与本次课程相关联的问题，采用翻转课堂教学，引发学习讨论和相关课堂训练，并对讨论结果进行分享和评价（过程性考核）。

③知识构建。教师针对讨论和训练的分享情况进行总结、提炼，阐述知识重点、知识逻辑和知识架构。

④应用验证。教师指导学生基于案例或作业，应用课上所学进行完善与优化，使知识指向应用。

⑤反思内化。教师指导学生通过作业、任务、项目等进行知识应用的深度理解与拓展性应用。

（3）五步实践教学法是贯穿第一、第二、第三课堂的教学方法，不拘泥于课堂教学的应用。针对不同专创融合课程的教改需求，可在教学实施中灵活把握。

（4）五步实践教学法在教学实践中，前三步重点在课堂上完成，后两步（含部分知识建构）在课外完成。

2. 课外的作业安排

（1）专创融合的课程教改强调实践导向和能力素质的培养，只有包含课内课外，贯穿第一、第二、第三课堂，同时更强调第二、第三课堂的作用，只有将第二、第三课堂的实践做到位，教学目标才可顺利实现。

（2）基于五步实践教学法，可将作业分为三类，具有不同的难度要求，适于不同的教学对象和教学要求。

①知识思考类。围绕课程知识点的深度认知与拓展性思考，需要举例说明，

避免学生做"知识的搬运工"。要求学生独立完成。

②样本调研类。寻找现实中与知识应用相关联的样本,应用所学进行样本调研和分析,运用批判性思维,给出分析结果和建议。要求学生独立或小组完成。

③项目实践类。发现现实需求,产生创新创意,伴随课程进展不断完善与优化项目。以小组为单位完成。

(3)不拘泥于每次课后都安排三类作业,可根据课程内容逻辑与教学目标进行灵活组合。

(4)作业提交形式多样化,针对不同的内容要求,可以是文档,也可以使自媒体视频。通过交叉评判和媒体流量数据进行评价,教师进行监控。这样既可以更有效地激活学生的学习兴趣,增强获得感,又可以降低教师的工作量。

四、专创融合的成果体系

专创融合的教学改革是一个系统工程,改革成果体现在人才培养的多个维度。可以很好地支撑高职院校在教学成果奖、教师教学能力大赛、创新创业各类赛事、精品在线课程建设、网络教学资源建设、产教融合、教育质量评估、教改课题等方面取得更好的成绩。

维度1. 人才培养模式创新

市场导向的人才培养方向,构建基于职业胜任力的人才培养体系。通过专创融合的课程改革,再造以课程体系为核心的人才培养模式。

维度2. 课程考核创新

课程考核导向由结果性考核为主,调整为积分博弈制过程性考核+结果性考核,体现以人才培养质量和课程质量为导向的课程考核模式与机制创新。

维度3. 教学方法创新

应用五步实践教学法,以学生为中心,以教师为主导,以实践为导向,突出学以致用和反思内化,全面达成素养指标、知识指标和技能指标。

维度4. 教学资源管理创新

通过各个专创融合课程的教学资源持续建设,形成与学生学习成果互动的教学资源库,支持有效教学的良性开展。

维度5. 教学质量评估创新

由静态评估过渡到动态评估,可视化教学成果支撑教学质量的量化评估。

维度 6. 教材创新

融入二维码的活页式教材，凸显因材施教，增强学生的学习拓展和教学资源供给，适于不同需求的人才培养。

五、专创融合的深化趋势

（1）由于创新创业教育的本质特色，在专创融合课程教改中课程思政、劳动教育和美育教育将全面融合，事实上是通过创新创业教育的前瞻性和实用性的引导，实现对专业课程的全面升级与再造。

（2）专创融合具有较高的社会属性，不能脱离社会发展需求和行业创新趋势，这就要求高校做好产教融合协同育人，导入更能多有效的产业资源参与到课程教学和人才培养与评价中。

（3）在以赛促教、以赛促学、以赛促创、以赛促建、以赛促改的背景下，通过专创融合的课程教改，可以有效推进的有价值创意产生、有质量的项目运作。使教学与赛事有机融合，赛事作为教学实践的一个环节、教学成果的一种展现、跨专业学习和实践的一次机会。

（4）实施 PBL 教学中，可引导学生跨专业学习和实践，由知识传授的教师主体转换为能力素质成长的学生主体，对教师提出了新的要求和挑战，通过系统的师资培训和课改实践可提升教师的教学能力。

六、专创融合课程改革案例（表 5-6~表 5-11）

表 5-6　商业文化与素养课程专创融合建设教学目标设计表

课程信息			
课程名称	商业文化与素养	课程学时	32 学时
课程学分	2 学分	所属学院/专业	工商学院/市场营销专业
课程定位	□公共基础 √专业基础 □专业核心□专业课 □实践课 □实验课	课程形式	□大班 √小班
课程性质	√必修课□选修课	班级人数	35
前置课程	市场营销学、市场调研与预测、营销策划		
考核方式	过程考核	教材选用	活页式自编教材

	课程设置与社会需求对接，课程内容与职业标准对接，教学过程与生产过程对接；价值塑造与知识传授、能力培养一体化
课程设置对人才培养方向的支撑说明	1. 本课程是以商业专业为背景，与社会对人才的需求密切相关，主要面向营销策划、电子商务、化妆品行业企业、汽车销售企业、房地产营销企业、医药营销企业。从业人员需掌握市场调研、营销策划、市场开发等相关专业知识基础。第一，国无德不兴，人无德不立。从业人员应当具备良好的职业道德和商业文化素养。第二，商业文化是商业活动正常开展的前提和保证；能够展现社会主义核心价值观，提升商业从业者在行业生产和服务领域的综合能力。第三，良好的商业文化和素养是商品营销过程中的最大的增值项。小胜靠智，大胜靠德。在从事市场调研、营销业务、市场策划、客户管理工作岗位等工作中，只有从文化的角度出发，才能呵护从业者成为德、智、体、美、劳等方面全面发展的高素质技能型社会需求人才 2. 本课程内容与职业标准对接，强化对商业职业的认知，推动学生的职业成长。通过商业文化多样性的认知和领悟，推动学生对创新创业对职业不确定性认知，强化学生的职业规划和发展，在课程体系中注重从校园环境做起，到社区范围，从产品领域到服务领域，从线下到线上领域，包含职场，区域经济、城镇经济、乡村经济的领域，从农村到工业到文化创新领域，从文化价值的创新，到文化价值的应用各个领域，强化学生对商业职业环境的认知，培养学生在特定领域的素养养成和提高，支撑学生实现个人价值和三观的良好塑造。对商业营销人才的全面人格培育具有基础性作用 3. 教学过程与生产过程对接，紧密贴合营销专业的工作实际，从调研到策划，到方案的设计，实施，以及策划方案的调整全过程对接。以市场为中心，以良好职业操守养成为目标，通过具体的商业文化场景的互动教学体验和实践体验活动，帮助学生完成对特定环境的商业文化的认知，完成商业文化素养的养成过程。商业文化的在商业活动中的体现，是学生认知文化的价值；在业务操作中通过文化赋能，产生价值，提高商业活动质量，提高经营效率 4. 教学过程中通过职业背景调研，生产过程的体验等具体项目的设计实施和实践体验，体现市场营销就业岗位的需求，也就商业文化的养成能够支持从业者形成良好的工作能力，如良好的组织协调能力，创新创业能力等；商业文化能够真正体现社会主义核心价值观，体现良好的社会价值素养，有助于正确思想品格的塑造和养成，商业文化和素养能够培养商业环境下干事创业的技能，和应对职业环境变换的可迁徙能力。商业文化赋能于商业价值塑造以及终生学习、能力培养的一体化建设
原教学目标	总体目标：通过本领域的学习，使学生完整地了解市场营销中的商业文化知识体系，进而提高自身的商业素养，更重要的是要使学生牢固树立以消费者为中心的市场营销观念，在营销实践中能以客户为出发点，进行产品开发、定价、分销、促销等营销活动，提高企业经营管理水平，从而实现传统商业文化与自身商业素养的有机结合，形成完善的人格和良好的商业形象 （一）知识目标 1. 掌握传统商业文化的基本内容 2. 掌握现代市场营销过程中的商道传承的基本方法和途径

原教学目标	3. 掌握企业营销环境下的企业文化的形成与传承基本知识 4. 掌握市场营销过程中的盛业法规与规范等方面的知识 5. 明确当今环境下的职业道德，职业意识，职业习惯与职业技能 6. 全面提升自身的文化修养和职业素质 **（二）职业能力目标** 1. 具备认知企业、市场和合作伙伴的能力 2. 具备分析和掌握顾客心理的能力 3. 具备寻找合作伙伴的能力 4. 具备形成团队竞争力的能力 5. 具备当今市场环境下的良好社会影响力 **（三）职业素质目标** 1. 具备优良的职业道德素养，能遵守职业道德规范 2. 具有合作精神，善于沟通、豁达、诚信、团结、乐于助人 3. 自我调整与管控能力 4. 主动观察、分析问题的能力 5. 语言表达能力 6. 具有强烈的责任意识，能自主完成工作岗位任务

新课程教学目标		
基于布鲁姆教育目标分类法的说明	认知层次：对信息的记忆	引用、找到、查找、定义、描述、列举、识别、匹配、记住、命名、认出、记录、复述、重复、报告、说明、陈述、列表、标明等
	理解层次：用自己的语言解释信息	确认、澄清、分类、叙述、解释、鉴别、选择、转换、区别、引申、归纳、举例说明、摘要、改写、推断、评阅、释义、说明、讨论等
	应用层次：将知识应用于新的情景	应用、计算、运用、实行、示范、改变、阐述、修改、制定……方案、展示、估算、操作、表演、练习、模拟、使用、解答、实施等
	分析层次：将知识分解，找出各部分之间的联系	分析、对照、分类、比较、图示、检查、评价、估量、把……归类、对比、探测、分解、归纳、设想、假设、整理、组织、概述、总结、测试等
	评价层次：根据一个标准做出价值判断	鉴别、比较、评定、判断、总结、证明、核对、说服、辩护、给……评级、推荐、预判等
	综合创造层次：将知识重新组合，形成新的体系	编写、创造、设计、提出、聚焦、组合、构建、谋划、开发、发明、计划、制定、修订、提议、重组、转变、构想、策划等

新课程教学目标	
基于布鲁姆教育目标分类法的教学目标描述（一句话说明）	认知：正确定义商业道德，记住商业领域的法规，和相关法律，能够描述商业领域的相关政策 理解：确认商业文化，文化的价值，选择不同商业文化的文化传承方式和方法，将优秀商业文化转化成商业领域的活动规范。利用文化产生商业附加价值 应用：运用商业领域的文化基础标准，实现商业文化对商业活动的赋能，提高商业价值 分析：分析不同环境下的文化和素养，评价和归纳出不同文化素养对商业活动的作用规律 评价：总结商业文化与素养在创新创业实践活动中的作用，证明优秀商业文化在商业活动中具有的生命活力。优秀的商业文化对商业活动给予价值附加；科学的商业文化是时代的需求，不会自生自灭 综合/创造：通过商业文化专创融合课程的构建，设计和开发商业文化知识与实践相结合的课程体系，聚焦于不同商业环境下的优秀商业文化和人文素养，在学生创新创业实践的过程中进行体会和传承，总结出具有时代特色的优秀商业文化，继而成为学生效仿的规范，成为商业实践者的内在素养，逐步形成商业领域的职业道德和职业操守，转变商业文化在商业领域的引领作用
创新创业融合点	同理心（以为市场/客户服务为中心） 批判性思维（发现问题、提出问题） 发散思维（分析问题、借鉴创新、微创新） 企业家精神（创业精神、执行力、工匠精神） 新技术视野（行业发展趋势） 美好生活需求（创新的价值与方向） 自主学习能力（课内+课外） 沟通、表达与团队协作能力（分析问题、解决问题） ／ 在"情景与案例"中体现为：引入当前商业活动中以及未来商业从业者工作场景中相关联的案例为商业文化与素养课程的教学背景，体现商业文化在商业行业发展中的文化引领趋势，体现一定的客户发展的文化要求，体现现实中一定的文化问题呈现；以及较为经典的商业文化案例剖析商业活动的目标 在"问题引导"中体现为：通过对前述案例和情景的了解，引出学生对文化现象、文化价值、文化产品与文化服务的探索欲望，用同理心的方式感受新消费需求，通过全民上网、明星梦等展示对美好生活的向往，通过发散思维、小组协作、形成以学生为中心的教学组织形式，养成对商业文化现象的对比、分析、归纳和批判性思维 在"分组教学"中体现为：通过分组明确个人角色，在不同情景中激发学生对商业文化的自主探索欲望，在不同商业环境下用不同视角来看待和分析同一文化现象。在分组中教学和实践中锻炼学生的沟通，协作能力，充分模拟将来的工作场景 在"课堂训练"中体现为：由典型商业文化案例和教学情境，形成链条，学生在其中发表自己的见解，体现互动式、体验式教学；指导学生探索科技与文化的关系，经济发展与文化的关系，尝试商业文化赋能于经济和经济发展

新课程教学目标		
创新创业融合点	同理心（以为市场/客户服务为中心） 批判性思维（发现问题、提出问题） 发散思维（分析问题、借鉴创新、微创新） 企业家精神（创业精神、执行力、工匠精神） 新技术视野（行业发展趋势） 美好生活需求（创新的价值与方向） 自主学习能力（课内+课外） 沟通、表达与团队协作能力（分析问题、解决问题）	在"实践项目"中体现为：应用所学文化引领的作用，发现现实中的经济社会问题，尝试用文化引领解决问题，逐步完善解决问题的效果，展现文化的新角色，创造商业文化的自身价值，激发学生的学习动力，通过身边的商业文化引领，让文化赋能于经济和社会。通过商业文化导向，体现商业文化经营的思政元素 在"作业任务"中体现为：通过思考性作业拓展学生的课堂知识学习、通过样本调研性作业强化学生对行业企业、对不同营销环境的认知，通过创业与项目性作业，提升从业者商业文化与素养对商业活动的引领作用和价值赋能。这三类不同层次的作业，为不同的学生，提供了展现自我能力，贴近社会实践的机会，引导学生学以致用，通过作业使得课上课下有机链接，讲到没讲到的贯穿起来，不同角度，不同层次的学生学有所获 在"学习成果"中体现为：通过学生的课堂训练，学生三类作业的完成，达到对商业文化较为灵活的应用 1. 完成视频的拍摄、编辑、展示、存储和传递 2. 作业文档的撰写、排版、装订，力求内容核心突出，外观符合审美 两套学习汇报资料的完美呈现，是商业文化的显性成果，这些素养的培育将带动学生个体的就业。特别是在学生人格塑造，素养养成，能力提升，能够展现自身的价值，体现优秀商业文化和创新能力实践验证，体现自身的文化素养价值
课程思政融合点	世界观、人生观、价值观、职业观 四个自信 习近平新时代中国特色社会主义思想 中华优秀传统文化教育 宪法法治教育 职业理想和职业道德教育 社会主义核心价值观	在"价值塑造"中突出：思想品格是以法律为准线，能够为将来从事的职业活动过程中，在产品和服务上，养成在与客户的沟通中把握价值底线，体现人的价值观、人生观。体现职业观，择业观和创业观 在"知识传授"中强调：文化如何有价值和文化如何产生价值。政治、经济、科技与文化的关系是新时代主要矛盾；国家和区域发展需求；行业和职业发展需求，践行新儒商精神，社会主义核心价值观，强调四个自信，尤其是文化自信

新课程教学目标		
课程思政融合点	爱党、爱国、爱社会主义、爱人民、爱集体 新时代主要矛盾 国家和区域发展需求 行业和职业发展需求	在"能力培养"中体现：利用商业文化在生活工作中，提高经济价值，充分利用新知识、新技术，肯吃苦，善思考的良好职业理想和职业道德，不断探索文化对商业经营的促进作用 在"课堂教学"中落实：通过场景构建和课堂训练，教学案例，知识教学中落实习近平新时代中国特色社会主义思想和四个自信；落实社会主义核心价值观 在"实践教学"中开展：与科技相结合、与经济社会主旋律结合。将课上的场景与课下活动结合，对小组的实践进行指导，课上课下衔接，原理与实际结合，充分运用商业文化伦理，展现商业文化的生命力 在"教学方法"中改进：由"要我学"到"我要学"，由教师主讲、学生主听，到学生自主探索，与创新创业实践相结合，学习小组互相评价，教师引导的教学方法。引导学生对文化现象的反思和评价，辩证看待文化现象。结合网络教学的特点，探索如何解决教学文化问题。倡导文化主旋律
劳动教育结合点	新知识、新技术、新工艺、新方法的应用 职业经验的积累 解决问题的能力 树立正确择业观 公共服务意识与风险精神	在教学引导中体现为：通过每年的国家五一劳动奖章获得者颁奖，和感动中国的模范人物颁奖，弘扬默默奉献的职业道德和职业操守，通过案例引导，体现出四新，通过问题思考，发现传统文化的发展趋势，不断拓展新知识、新技术、新工艺、新方法在创新创业实践中的展现和应用 在教学过程中体现为：基于新的场景，应用所学发现文化问题，解决有关商业与文化冲突的问题，通过小组活动，课堂训练，作业完成激发学生敢于探索和实践的精神。解决文化多元性问题的现实 在教学成果中体现为：通过商业文化的思考性成果，样本调研成果，创意与项目性成果的积累，促进对商业文化的分析鉴别与应用，树立公共服务的职业意识和敢于实践的创业精神，树立正确的价值导向，让文化赋能经济社会，以文化增值，展现商业文化内在的社会价值

续表

新课程教学目标		
美育教育 结合点	社会主义核心价值观 正确审美观念培养 社会及职业道德情操培养 中华优秀传统文化传承 革命文化 创新能力培养 艺术经典教育	在教学引导中体现为：通过新知识、新技术、新工艺、新方法在创新创业实践中的应用，对审美观念引导，展现四新条件下的审美发展趋势，尊重文化的多元性，倡导新时代主流文化。体现文化与科技结合。文化与社会主旋律结合 在教学过程与内容中体现为：将美的元素融入教学过程和教学内容中，体现什么是美，什么是美的载体，不同环境下的美，不同层次人群对美的追求，体现商业产品与服务的内在价值提升 在教学成果中体现为：教学成果的设计和展现要求体现工匠精神和展示美的元素，力求将美学思维和视觉展现出来，提升商业产品与服务的内涵，体现商业人员的艺术修养和文化情操
可视化的 教学成果	1. 课堂训练成果以思考作业的形式展示 2. 作业成果以视频加文字的形式展示 3. 实践成果以小组创新创业的视频和文字展示成果 4. 考核成果以项目过程考核评定和最终汇报展示 5. 活页式教材展示	
新教学目标综述	新课程目标相较于原来的教学目标，全都能够体现，在很大程度上在学生的实际实践和动手能力提高很多，先进很多 　新的总体目标：通过本领域的案例引导设计和情景构建，引导学生对商业文化和人文素养进行思考，通过教学活动引导学生对相关知识进行探索，再通过微课教学巩固和深化所对应的专业知识点。通过思考性作业，拓展相关知识领域，通过样本调研性作业的完成，使场景构建变得真实和鲜活，更丰富真实，更能贴近实际，能够在探索中体味和实践课堂中的知识内容，结合样本调研而进行的创意与项目性作业的实施，充分调动学生的创新思维，通过动手实践对创意项目可行性和正确性进行验证。这样能够使学生真实地了解市场营销中的商业文化和商业人文素养，让学生树立起以消费者为中心的市场营销观念，在商业实践中真正从诚信经营，以人为本出发，逐步形成完善的人格和良好素养，成为现代高素质商业形象代言人 **（一）知识目标** 1. 掌握传统商业文化的基本内容 2. 掌握现代市场营销过程中的商道传承的基本方法和途径 3. 掌握企业营销环境下的企业文化的形成与传承基本知识 4. 掌握市场营销过程中的盛业法规与规范等方面的知识 5. 明确当今环境下的职业道德，职业意识，职业习惯与职业技能 6. 全面提升自身的文化修养和职业素质 这些具体的知识目标通过案例展示和情景构建，完全能够充分体现，通过课堂教学和实践环节，不仅能够掌握知识目标，并且对知识目标的应用场景和相关拓展、探源都有了推动作用，学生的学习不再被动		

续表

新课程教学目标	
新教学目标综述	**（二）职业能力目标** 1. 具备认知企业、市场和合作伙伴的能力 2. 具备分析和掌握顾客心理的能力 3. 具备寻找合作伙伴的能力 4. 具备形成团队竞争力的能力 5. 具备当今市场环境下的良好社会影响力 　　职业能力目标在小组实践过程中充分的得到体现，学生的市场调研与预测，客户分析，团队协作等重要职业能力能够完美展现 **（三）职业素质目标** 1. 具备优良的职业道德素养，能遵守职业道德规范 2. 具有合作精神，善于沟通、豁达、诚信、团结、乐于助人 3. 自我调整与管控能力 4. 主动观察、分析问题的能力 5. 语言表达能力 6. 具有强烈的责任意识，能自主完成工作岗位任务 　　学生的素质目标在思考性作业，样本调研性作业，创意创新与项目性作业的完成过程中得到充分锻炼，能够对提出的上述方面进行深度锤炼 　　总之，新的课程目标通过案例展示，情景构建，课堂教学与课下创新创业实践，通过思考与探索，调研实践，创意与项目的实践开展，全都能够得到磨炼，通过学生的实际实践，课上知识与客观环境结合，为当今的商业人才培养开发了一条学生自主探索、教师引导的顺应时代发展的宽阔道路

表 5-7　商业文化与素养课程专创融合建设之教学方案设计表
（混合式教学精品课程）

课程信息			
课程名称	商业文化与素养	课程学时	32
课程学分	2	所属学院/专业	工商学院
课程定位	□公共基础 √专业基础 □专业核心 □专业课 □实践课 □实验课	课程形式	□大班 √小班 √分组教学 □集中教学
课程性质	√必修课 □选修课	班级人数	35
考核方式	过程考核	教材选用	活页式自编教材
前置课程	市场营销学、市场调研与预测、营销策划		
学情分析	知识情况：具有市场营销的基础知识，能够进行商业领域的现象进行探索和实践 　　技能情况：具有一定的营销基础知识和基本训练 　　思维与素养情况：学生思维较活跃，自控能力稍差，对中华文明有基础认知，在生活中对传统文化有所了解		

续表

教学单元	教学模块	教学环节、内容与教学设计
1. 课程概述（90min）	1. 课程概述（38min）	1. 引用案例视频：A1："双十一"淘宝购物节卖的是什么（6min） 2. 教学视频：J1：通过视频说明商业与文化不可分割，也说明商业文化无处不在，文化是商业价值的灵魂，商业活动是文化传承的载体，文化认同是商业活动爆炸性提升的基础。值得我们研究和探讨，文化附加能指导我们的商业实践更好地开展，科学的商业思想是商业与文化的共生。没有文化的商业营销很难做大做强（2min） 3. 引用微课视频：K1：说课视频（30min）。得出商业文化的知识点，知道商业文化与素养在实践中的必要性，诚实做人、诚信经营的必要性
	2. 教学要求（10min）	1. 引用教学视频：J2：a. 进行教学说明，分段式一个重点一段视频；b. 展示 PPT：一个要点一段 PPT，展示学习的方法。学生关心的分，怎么学，特色化的要求，图文展示，考核如何获得分数，分数的构成（5min） 2. 引用教学视频：J3：a. 分组考核的规矩；b. 个人在小组中的位置和作用；c. 上课回答问题加分，课下作业视频文字加分，观点说明和阐述加分；d. 其他小组对你所在小组的评价得分；e. 所有作业实行视频+文字的形式进行呈现，文字部分有规范格式。最后形成本课程学习的标准性学习情况文档，进行教学说明（PPT：计分办法）（5min）
	3. 教学分组（12min）	1. 怎么分组：引用教学视频：J4：a. 分组的原则；b. 分组的方法；c. 进行教学说明（2min） 2. 完成现场分组：云课堂完成分组，小组目标确定（5min） 3. 分组呈现：如组长、组号、组名等（5min）
	4. 分组训练（12min）	1. 小组的目标：a. 如何展示小组的战略目标；b. 以图形小报的形式展现小组目标，进行个人分工，对教学目标达成的展示说明。全体成员登台展示（5min） 2. 小组目标分享与评价：对展示的小组目标进行评价，展示两个以上小组（7min）
	5. 知识讲授（15min）	1. 引用案例视频：A2：行动起来，比什么都重要（1min）；完成课堂训练 Z1：思考性作业：你想到学好这门课程的办法了没有（4min）看、想、做、说、评，积分 2. 小组讨论：商业和文化是什么关系？对上述案例视频进行分析讨论，专创融合课程《商业文化与素养》中商业和文化素养是如何并行发展的、商业文化对商业实践的作用是什么。小组形成几个要点，提炼能力和归纳能力，小组发言人进行发言（4min） 3. 小组分享讨论结果，师生互动，小组互评赋分，教师点评，给过程分（6min）

教学单元	教学模块	教学环节、内容与教学设计
1. 课程概述（90min）	6. 作业安排（3min）	1. 作业说明：word 文档（pdf 文档），PPT：展示作用要求和格式（2min）［word 格式（pdf 格式）的规范格式，每周交一次作业，每个小组交一份，要有封面，最后按小组装订成册，形成可视化成果。］ 2. 下次课程内容：Z1：举出一个商业与文化并行发展的例子，并进行说明；Z2：样本调研性作业：校园里的超市经营活动遵循的是商业文化还是校园文化，为什么这么说；Z3：创意与项目性作业：校园里有一咖啡店，由你们小组承包，请阐述你通过注入哪些文化元素，使得与众不同，提高校园超市经营业务发展（1min）。Z2 和 Z3 一个做文案作业，一个做视频作业，两个作业的形式任意选择。视频作业需要附带拍摄情况文案
2. 校园文化（90min）	1. 课程回顾（27min）	1. 作业分享与分析：校园里超市遵循什么文化？为什么？你在校园咖啡店注入哪些文化元素来提升你的业务发展 2. 任务成果展示：拍摄的视频展示，核心思想内容说明，由各个小组的发言人介绍，小组间互评（15min） 3. 基于作业内容和任务的引申思考：进行教学说明，各组讨论分析和评价视频的抓住的关键点对商业文化的解释正确与否（12min）。加分机制：汇报中的优秀小组加分。第一小组 2 分，第二小组 1 分
	2. 教学点一（31min）	1. 情景建构：A3：学区房的商业文化现象。师生群体的特质，不同人群的差异性。追逐优质教育资源，孟母三迁的故事。进行案例讲解：商业经营的是资源的需求（8min） 2. 小组讨论/训练：进行教学说明（你是经营产品还是经营目标顾客的需求，小组讨论）（8min） 3. 小组分享或个人发言。人，购买力，需求，这三个要素在商业活动中如何正确合理地引导？师生互动，教师点评，给过程分（12min） 4. 内容教学：引用微课视频：由学区房和孟母三迁，引出：旱则资舟，涝则资车的经营哲学问题，引导学员思考经营者的出发点。K2：古代商界先贤的经营思想（计然的思想）（7min）；Z4 思考：古代商业先贤还有哪些科学的商业文化思想？请举出两个古代先贤并说明他们各自持有的成功的商业理论
	3. 教学点二（27min）	1. 情景建构：引用案例视频：A4：校园里的校园贷，其本质是高利贷，但是表面伪装的贷款方便、还款容易。归根到底是商业活动伪装下的违法行为。引出依法宣传，依法经营的重要性的问题，引导学生思考（4min）

教学单元	教学模块	教学环节、内容与教学设计
2. 教学点一（31min）	3. 教学点二（27min）	2. 小组讨论/训练：进行教学说明：什么是法治，课下了解《中华人民共和国民法典》（5min） 3. 小组分享或个人发言，商业竞争要遵法守法、有序竞争。师生互动，教师点评，给过程分（10min） 4. 内容教学：引用微课视频：社会主义核心价值观的内容是什么？K3：诚实守信，有序竞争，遵纪守法（8min）
	4. 作业安排（5min）	1. 作业说明：Z4：思考性作业：民法典如此重要的原因是什么？Z5：样本调研性作业：社区居民对民法典的认识到什么程度了？你们宿舍对民法典的实施有什么样的预测？Z6：创意与项目性作业：请调查社区中最火爆的早餐点（山东拉面哥）火爆的原因是什么？文案分析（2min） 2. 下次课程内容：进行作业说明：社区文化，社群文化（3min） 3. 最终路演的内容：你小组拟开办一家公司（这是最后一次课路演的核心），请介绍公司的规划，你公司的章程是什么？你们现有成员在这个公司中是什么角色？并说明几位元老在公司的影响力发挥得如何。每位成员具体做什么事情，什么事情是最希望能做的，什么事情是避免做的。你们的公司文化核心是什么，为什么定这样的文化核心？这样的文化核心需要公司员工有什么样的素养？你的公司怎样寻址？你的公司怎样扩大社会影响力？你的公司有什么？你的公司缺什么
3. 社区与社群文化（90min）	1. 课程回顾（24min）	1. 作业分享与分析：作业视频拍摄的展示说明和分享（8min） 2. 任务成果展示：word文档标准格式与美观装帧的展示（8min） 3. 基于作业内容和任务的引申思考：进行教学说明：社区早餐火爆的原因分享，分析。得出诚信，热情，口碑是营销的关键（8min） 拉面哥程远付，朱之文。社区文化，社群文化
	2. 教学点一（38min）	1. 情景建构：引用案例视频：A8：社区餐饮店，思考社区餐饮的特点，社区餐饮公司的种类，社区餐饮经营中引流、截留的关键是什么。进行案例辩论，小组出代表进行演讲，引出要想火爆需重点解决的问题，引导学生思考（12min） 2. 小组讨论/训练：进行教学说明：社区经济运营的多样性，讨论社区顾客的稳定性，社区商业文化的特点是什么？突破社区经济发展的瓶颈是什么（5min） 3. 小组分享或个人发言，师生互动，教师点评，给过程分（8min），以及社区和社群关系的信息传播，以及信息流通问题（3min） 4. 内容教学：引用微课视频：K9：经营之道；K10：职业道德；K11：真不二价（10min）

教学单元	教学模块	教学环节、内容与教学设计
3. 社区与社群文化（90min）	3. 教学点二（24min）	1. 情景建构：你的微信群里都是什么样的人？你直播平台上的粉丝和你怎样对待拉面哥这件事？你作为一个网上直播带货的主播应怎样做呢（8min） 2. 小组讨论/训练：进行教学说明（PPT：新媒体营销方式的应用应该注意什么）（8min） 3. 小组分享或个人发言，师生互动，教师点评，给过程分（5min） 4. 内容教学：引用微课视频：K13：口碑营销（3min）
	4. 作业安排（4min）	1. 作业说明：Z7：做好服务的起点是热情吗？为什么？Z8：通过服务窗口的视频展示告诉我什么样的服务最贴心？你的公司从拉面哥这件事上学到了什么？你是否要调整你的公司定位？为什么（1min） 2. 下次课程内容：A9：服务的文化视频（3min）
4. 服务文化（90min）	1. 课程回顾（22min）	1. 作业分享与分析：Z7：做好服务的起点是热情吗？为什么？Z8：通过服务窗口的视频展示告诉我们什么样的服务最贴心？窗口服务调查视频分享（10min） 2. 任务成果展示：展示各小组的思考结论（7min） 3. 基于作业内容和任务的引申思考：进行教学说明（PPT：服务的核心是尊重顾客的意愿）（5min）
	2. 教学点一（36min）	1. 情景建构：引用案例视频：A9：海尔集团连夜乘飞机前往修冰箱事件，引出产品整体概念问题，引导学生思考客户关注点的问题（8min） 2. 小组讨论/训练：引用教学视频：J9：产品整体概念中的无形产品服务是产品的重要组成部分，是口碑营销的核心（10min） 3. 小组分享或个人发言：你的公司要体现什么样的服务文化，请讨论并列出几条服务文化的纲领条文，师生互动，教师点评，给过程分（10min） 4. 内容教学：引用微课视频：K15：服务的核心。进行教学内容讲解（PPT：产品整体概念的理解）（8min）
	3. 教学点二（28min）	1. 情景建构：引用案例视频：A12：服务意识：职责的最好诠释；A13：高级护理师，引出供给侧改革的问题，引导学生对服务与营销思考（5min）；A14：月嫂（服务需求）（5min） 2. 小组讨论/训练：引用教学视频：J10：服务与营销的关系（8min） 3. 小组分享或个人发言，师生互动，教师点评，给过程分（7min） 4. 内容教学：引用微课视频：K16：相互尊重（3min）
	4. 作业安排（4min）	1. 作业说明：Z9：无形产品的服务和有形的商业产品在消费者心中的价值衡量标准是什么？Z10：产品的文化属性如何从商品的核心效用上展示出来？进行作业说明（2min） 2. 下次课程内容：A15：产品文化，进行作业说明（2min）

续表

教学单元	教学模块	教学环节、内容与教学设计
5. 产品文化（82min）	1. 课程回顾（21min）	1. 作业分享与分析：Z9：无形产品的服务和有形的商业产品在消费者心中的价值衡量标准是什么？Z10：产品的文化属性如何从商品的核心效用上展示出来？进行展示（8min） 2. 任务成果展示：各小组关键点介绍与分享（8min） 3. 基于作业内容和任务的引申思考：Z11：商品的基本属性是什么？进行教学说明（5min）
	2. 教学点一（29min）	1. 情景建构：引用案例视频：A15：张瑞敏怒砸冰箱（2min30s）；J11：由砸冰箱到产品整体概念（1min，引出产品质量对营销的问题，引导学生思考产品中的文化与营销的关系）；K17：产品的整体概念（3min）；J12：冰箱的基本功用到文化附加（2min）；K18：商业文化（2min）；A16：中国的玉石文化（2min） 2. 小组讨论/训练：引用教学视频：J13：玉石价格来源（1min） 3. 小组分享或个人发言，师生互动，教师点评，给过程分（8min） 4. 内容教学：引用微课视频：K19：商业文化的特性（2min）
	3. 教学点二（26min）	1. 情景建构：引用案例视频：A17：Juicero 是科技还是过度设计（6min） 2. 小组讨论/训练：引用教学视频：J14：产品的使用功能和设计目标哪个更重要（1min） 3. 小组分享或个人发言，思考如何能够通过文化注入提高商品价值？师生互动，教师点评，给过程分（14min） 4. 内容教学：A18：沃尔沃最安全的产品文化（1min）；J15：产品的社会公益性质（1min30s）；A19：可口可乐的包装文化（2min）；J16：包装是吸引客户购买的第一关（1min）；A20：可口可乐要涨价（4min）；J17：可口可乐涨价的后果会有哪些（1min）；K20：贱取如珠玉，贵出如粪土（1min）
	4. 作业安排（6min）	1. 作业说明：引用教学视频：Z11：样本调研性作业：旅游纪念品是注重文化还是注重实用功能；Z12：创意与项目性作业：你用什么样的文化附加的方式让您的特定产品更好卖（2min）；J18：作业说明（2min） 2. 下次课程内容：引用教学视频：J16：旅游如何为当地经济发展做出贡献（2min）
6. 旅游与娱乐文化（90min）	1. 课程回顾（21min）	1. 作业分享与分析：Z11：样本调研性作业：旅游纪念品，是注重文化还是注重实用功能？Z12：创意与项目性作业：你用什么样的文化附加的方式让您的特定产品更好卖？展示（10min） 2. 任务成果展示：小组讨论总结汇报作业结论性结果（6min） 3. 基于作业内容和任务的引申思考：引用教学视频：J16：旅游如何为当地经济发展做出贡献（5min），个人作答

教学单元	教学模块	教学环节、内容与教学设计
6. 旅游与娱乐文化（90min）	2. 教学点一（40min）	1. 情景建构：引用案例视频：A23：低价旅游的内幕（4min）；J17：旅游产品价格说明（1min30s）；A24：云南旅游的怪事（2min） 2. 小组讨论/训练：J18：旅游节是文化活动还是经济活动（1min）；引用教学视频（8min） 3. 小组分享或个人发言，师生互动，教师点评，给过程分（7min）；Z15：思考性作业：商业文化与旅游娱乐活动的关系是正相关还是负相关？J19：各地政府部门怎么做（1min）；A25：泰山旅游（3min）；J20：看过泰山再看曲阜三孔（1min50s）；A26：孔府旅游（5min）；J21：如何打造新的旅游景点（1min10s）；A27：朱家峪旅游的文化内涵（2min）；K21：旅游经济（1min） 4. 内容教学：引用微课视频：K22：旅游的商业价值（5min）
	3. 教学点二（24min）	1. 情景建构：引用案例视频：A28：青岛啤酒节（3min）；K23：文化节（1min）；A29：潍坊风筝节；A30：菏泽牡丹节 2. 小组讨论/训练：引出J22：旅游和文化节策划（1min10s），引导学生思考（8min） 3. 小组分享或个人发言，师生互动，教师点评，给过程分（7min） 4. 内容教学：引用微课视频：K24：儒商文化与鲁商文化（2min）
	4. 作业安排（5min）	1. 作业说明：引用教学视频：J23：总结并提出作业（2min）；Z16：通过视频采访调查旅游和娱乐活动对推动区域的商业发展有什么作业；Z17：你如果是经贸委的主任，你会用什么方式通过活动带动区域经济的腾飞（2min） 2. 下次课程内容：引用教学视频：J24预告：网络与数字经济中的文化现象（1min）
7. 网络与数字文化（90min）	1. 课程回顾（18min）	1. 作业分享与分析：Z16：通过视频采访调查旅游和娱乐活动对推动区域的商业发展有什么作业？Z17：你如果是经贸委的主任，你会用什么方式通过活动带动区域经济的腾飞（10min） 2. 任务成果展示：J21：小组对展示结果进行互评（3min） 3. 基于作业内容和任务的引申思考：J22：直播带货对商业经济的影响。当今社会经济的发展离不开网络的发展和大数据的应用，网络经济的促进作用日趋显现，进行教学说明（5min）
	2. 教学点一（31min）	1. 情景建构：引用案例视频：A33：网络经济现象，A34：直播带货+J23：利用大数据进行市场营销可以做些什么呢？引出网络与数字文化问题，引导学生思考网络经济的发展状况与特点（11min） 2. 小组讨论/训练（8min）

教学单元	教学模块	教学环节、内容与教学设计
7. 网络与数字文化（90min）	2. 教学点一（31min）	3. 小组分享或个人发言：J24：教学视频，请各小组发言人发言，发言后各小组根据总结发言的情况进行点评赋分（8min） 4. 内容教学：引用微课视频：K24：网络经济（4min）
	3. 教学点二（37min）	1. 情景建构：引用案例视频：A35：数字经济1＋A36：网络诈骗＋A37：网络数据安全＋A37：利用网络大数据的经营＋A38：利用大数据进行营销＋A39：子贡谈大数据；A41：网络反垄断＋J25：引出商业文化的根基问题，引导学生思考（15min） 2. 小组讨论/训练：辅导学生讨论（8min） 3. 小组分享或个人发言，J26：请各小组发言人发言，发言后各小组根据总结发言的情况进行点评赋分（8min） 4. 内容教学：引用微课视频：K25：大数据＋K26：市场调研＋K27：遵守商业法律法规（6min）
	4. 作业安排（4min）	1. 作业说明：引用教学视频：Z20：创意与项目性作业：网上公司经营方略怎么做才能体现时代性？Z21：法治对经济的规范作用是促进经济还是约束经济（2min） 2. 下次课程内容：引用教学视频：J27：下次课职场文化预告（2min）
8. 职场文化（90min）	1. 课程回顾（17min）	1. 作业分享与分析：Z20：创意与项目性作业：你的网上公司经营方略上，怎么做才能体现时代性？Z21：法治对经济的规范作用是促进经济还是约束经济（6min） 2. 任务成果展示：J28：点评赋分，从内容表达，观点理解，创新性和启发性方面对其他小组进行评价赋分（6min） 3. 基于作业内容和任务的引申思考：J29：进行教学说明，商业需要法治，商业需要道德，商业需要文化素养（5min）
	2. 教学点一（32min）	1. 情景建构：引用案例视频：A39：电视剧《猎场》对职场的诠释，引出职场文化的需求问题，引导学生思考（8min） 2. 小组讨论/训练：引用教学视频：J20（4min）＋讨论（4min） 3. 小组分享或个人发言，师生互动，教师点评，给过程分。（8min） 4. 内容教学：引用微课视频：K28：为人之道；K29：做人与做事的关系；K30：生意经（8min）
	3. 教学点二（37）	1. 情景建构：引用案例视频：A40：《聚宝盆》中沈万三的经商之道，引出J21：如何适应职场要求的问题，引导学生思考（10min） 2. 小组讨论/训练：引用教学视频：J22（8min） 3. 小组分享或个人发言，师生互动，教师点评，给过程分（8min） 4. 内容教学：引用微课视频：K31经商之道；K32：做事之道（5min）

教学单元	教学模块	教学环节、内容与教学设计
8. 职场文化（90min）	4. 作业安排（4min）	1. 作业说明：引用教学视频：Z23+Z24（2min） 2. 下次课程内容：引用教学视频：A44（2min）
9. 区域、城镇与乡村文化（90min）	1. 课程回顾（17min）	1. 作业分享与分析：Z23+Z24（4min） 2. 任务成果展示：总结发言（8min） 3. 基于作业内容和任务的引申思考：你的公司更需要什么养的人才（5min）
	2. 教学点一（40min）	1. 情景建构：引用案例视频：A44：山东新旧动能转换项目，引出区域经济发展的问题，引导学生思考（8min）；继而 A44：三大经济圈基本情况比较；A45：三大经济圈的 GDP 对比；A46：三大经济圈基本情况比较；A47：三大经济圈的交通和人口；A48：三大经济圈的产业结构设计（10min） 2. 小组讨论/训练：进行教学说明区域经济（8min） 3. 小组分享或个人发言，师生互动，教师点评，给过程分（8min） 4. 内容教学：引用微课视频：K31+K32（6min）
	3. 教学点二（29min）	1. 情景建构：引用案例视频：A49：粤港澳大湾区；A50：青岛西海岸新区；A51：蔬菜改变中国；A52：中国与东盟；A53：乡村振兴计划；引导学生思考（8min），区域经济的文化特征问题（6min） 2. 小组讨论/训练：引用教学视频：J24（4min） 3. 小组分享或个人发言，师生互动，教师点评，给过程分（7min） 4. 内容教学：引用微课视频：K33+K34（4min）
	4. 作业安排（4min）	1. 作业说明：引用教学视频：Z26+Z27（2min） 2. 下次课程内容：引用教学视频：J25（2min）
10. 农业文化（90min）	1. 课程回顾（19min）	1. 作业分享与分析：Z26+Z27（6min） 2. 任务成果展示：小组总结说明（8min） 3. 基于作业内容和任务的引申思考：引用教学视频：J25：教学说明（5min）
	2. 教学点一（32min）	1. 情景建构：引用案例视频：A54：2021 年《中共中央国务院关于全面推进乡村振兴加快农村现代化的意见》；A55：大国根基是农业；A56：农业种子之争；引出农业经济文化的问题，引导学生进行第一产业的经济性思考。Z28（12min） 2. 小组讨论/训练：引用教学视频：J26+J27（6min） 3. 小组分享或个人发言，师生互动，教师点评，给过程分（8min） 4. 内容教学：引用微课视频：K35（6min）

教学单元	教学模块	教学环节、内容与教学设计
10. 农业文化（90min）	3. 教学点二（34min）	1. 情景建构：引用案例视频：A58：寿光蔬菜基地建设；A57：寿光蔬菜交易平台，引出当今农业文化的根基是合作经济问题，引导学生思考。引出农村电商平台经济（15min）；A59：乡村振兴计划。 2. 小组讨论/训练：引用教学视频：J26（6min） 3. 小组分享或个人发言，师生互动，教师点评，给过程分（8min） 4. 内容教学：引用微课视频：K36+K37（5min）
	4. 作业安排（5min）	1. 作业说明：引用教学视频：Z29+Z30（2min） 2. 下次课程内容：引用教学视频：J28（3min）
11. 工业文化（90min）	1. 课程回顾（19min）	1. 作业分享与分析：Z29+Z30（5min） 2. 任务成果展示：总结汇报（8min） 3. 基于作业内容和任务的引申思考：引用教学视频：J28：工业文化的分工的重要性（6min）
	2. 教学点一（39min）	1. 情景建构：引用案例视频：A59：《大江大河》片段；A60：《大江大河》片段2；A61：工业产品；A62：大国工匠。引导学生思考。专注一件工作，做精一件工作（14min） 2. 小组讨论/训练：进行教学说明（5min） 3. 小组分享或个人发言，师生互动，教师点评，给过程分（10min） 4. 内容教学：引用微课视频：K38+K39+K40（10min）
	3. 教学点二（28min）	1. 情景建构：引用案例视频：A63：《鸡毛飞上天》的文化体现；A64：《那年花开月正圆》，讨论是商业重要还是工业生产重要，引出商业文化问题和工业产品质量问题，引导学生思考（12min） 2. 小组讨论/训练：引用教学视频：J30（4min） 3. 小组分享或个人发言，师生互动，教师点评，给过程分（8min） 4. 内容教学：引用微课视频：K41（4min）
	4. 作业安排（4min）	1. 作业说明：引用教学视频：Z32+Z33（2min） 2. 下次课程内容：引用教学视频：J31（2min）
12. 文化创新（90min）	1. 课程回顾（17min）	1. 作业分享与分析：Z32+Z33（5min） 2. 任务成果展示：结论阐述说明（8min） 3. 基于作业内容和任务的引申思考：进行教学说明（PPT：Z33）（4min）

教学单元	教学模块	教学环节、内容与教学设计
12. 文化创新（90min）	2. 教学点一（68min）	情景建构：引用教学视频：K42 文化（1min）；J31：中国具有悠久的传统文化（1min20s），引导学生思考文化产生的基础是什么，讨论交流（8min）；A61：文化与文化自信（2min30s）；J32：中国人的文化自信（1min）；A62：中国悠久的文化（1min50s）；J33：李子柒的传统文化（2min40s）；A64：大国的文化底蕴（4min）；A65：新时代的文化自信（6min20s）（讨论文化创新的途径和方法）（10min）；K43：商业文化（2min）；K44：商业模式（50s）；A66：老树画画（7min）；K45：经营理念（40s）；K46：团队建设（1min10s）；K47：项目策划（1min）。引导学生思考。文化来源于生活又高于生活，民族文化是世界文化的一部分，民族文化是世界文化发展的原动力（8min）
	3. 作业安排（5min）	1. 作业说明：引用教学视频：Z35+Z36+Z37（3min） 2. 下次课程内容：引用教学视频：J32（2min）
13. 文化价值创造（90min）	1. 课程回顾（16min）	1. 作业分享与分析：Z35+Z36+Z37（6min） 2. 任务成果展示：总结展示（6min） 3. 基于作业内容和任务的引申思考：引用教学视频：J31（4min）
	2. 教学点一（32min）	1. 情景建构：引用案例视频：A66：文化的价值体现；A67：企业文化，使命，愿景，价值观；引出文化价值创造问题，引导学生思考（10min） 2. 小组讨论/训练：引用教学视频：J32（8min） 3. 小组分享或个人发言，师生互动，教师点评，给过程分（6min） 4. 内容教学：引用微课视频：K46+K47（8min）
	3. 教学点二（38min）	1. 情景建构：引用案例视频：A68：晋商的文化价值创造；A69：学而优则商；A70：坚持文化自信做文化强国；A71：文化自信；A72：中国的文化自信；A73：中华优秀传统文化的价值；A74：紫砂壶的工匠精神文化；引出区域文化的价值体现问题，引导学生思考（18min） 2. 小组讨论/训练：引用教学视频：J33（8min） 3. 小组分享或个人发言，师生互动，教师点评，给过程分。补充Z38（8min） 4. 内容教学：引用微课视频：K48+k49（4min）
	4. 作业安排（4min）	1. 作业说明：Z39+Z40，进行作业说明（2min） 2. 下次课程内容：引用教学视频：J34（2min）

教学单元	教学模块	教学环节、内容与教学设计
14. 文化与创新应用（90min）	1. 课程回顾（18min）	1. 作业分享与分析：Z39+Z40（8min） 2. 任务成果展示：概括总结（5min） 3. 基于作业内容和任务的引申思考：J32+J33（5min）
	2. 教学点一（34min）	1. 情景建构：引用案例视频：A75：唐代文化与创新应用；A76：供给侧改革看文化与创新；A77：需求侧改革看文化与创新。引出文化与创新问题，需求侧看文化创新问题，引导学生思考（12min） 2. 小组讨论/训练：引用教学视频：J34（7min） 3. 小组分享或个人发言，师生互动，教师点评，给过程分（8min） 4. 内容教学：引用微课视频：K50+K51+K52（7min）
	3. 教学点二（34min）	1. 情景建构：引用案例视频：A78：全渠道商业与文化营销；A79：网上直播销售促进文化创新与应用；A80：于丹谈商业的普遍性。引出当今文化传承与创新问题，特别是网络文化，引导学生思考（14min） 2. 小组讨论/训练：引用教学视频：J35（7min） 3. 小组分享或个人发言，师生互动，教师点评，给过程分（8min） 4. 内容教学：引用微课视频：K53+Z41（5min）
	4. 作业安排（4min）	1. 作业说明：引用教学视频：Z42+Z43+Z44（2min） 2. 下次课程内容：J36进行作业说明（2min）
15. 项目与总结（90min）	1. 课程回顾（18min）	1. 作业分享与分析：Z42+Z43+Z44（7min） 2. 任务成果展示：总结汇报（6min） 3. 基于作业内容和任务的引申思考：引用教学视频：J35（5min）
	2. 教学点一（39min）	1. 情景建构：引用案例视频：A73+A74，引出项目总结回顾问题，引导学生思考（8min） 2. 小组讨论/训练：教学视频：J36（6min） 3. 小组分享或个人发言，师生互动，教师点评，给过程分（15min） 4. 内容教学：微课视频：K54+K55+K56+K57+58（10min）
	3. 教学点二（29min）	1. 情景建构：引用案例视频：A75，引出创新创业项目的文化内涵问题，引导学生思考公司制度（6min） 2. 小组讨论/训练：引用教学视频：J37（6min） 3. 小组分享或个人发言，师生互动，教师点评，给过程分（15min） 4. 内容教学：微课视频：K59（2min）
	4. 作业安排（4min）	1. 作业说明：引用教学视频：Z45（2min） 2. 下次课程内容：引用教学视频：Z46（2min）

续表

教学单元	教学模块	教学环节、内容与教学设计
16. 展示与考核（90min）	1. 课程回顾（80min）	1. 作业分享与分析：路演+A75+Z45（60min） 2. 任务成果展示：Z46（10min） 3. 小组互评：J38+J39（10min）
	2. 评价（10min）	作业说明：K60（10min）

表5-8 服装立体裁剪课程专创融合建设之教学目标设计表

课程信息			
课程名称	服装立体裁剪	课程学时	32
课程学分	2	所属学院/专业	工商学院/服装设计与工艺
课程定位	□公共基础 □专业基础 √专业核心 □专业课 □实践课 □实验课	课程形式	□大班 √专小班
课程性质	√必修课 □选修课	班级人数	32
前置课程	服装色彩与图案设计、电脑款式设计、服装 CAD 应用、服装结构与工艺		
考核方式	项目化考核	教材选用	服装立体裁剪项目化教材
课程设置对人才培养方向的支撑说明	课程设置与社会需求对接，课程内容与职业标准对接，教学过程与生产过程对接；价值塑造与知识传授、能力培养一体化 本课程依据人才培养方案，立足地区服装设计师、制板师岗位人才的需求及职业资格标准，将传统课程的知识、能力及素质要求融入"修身连衣裙立体裁剪"这一教学项目中，围绕项目组织教学。通过师生共同实施一个完整的项目学习，使学生树立正确的审美观、价值观，能够为学生进入企业、设计工作室从事时装设计与个性化定制服务打下基础，满足人们对美好生活的向往		
原教学目标	通过任务引领的项目教学活动，使学生掌握服装立体造型的基本方法，提高对服装结构的领悟能力和造型能力，掌握立体裁剪技术，提高学生对服装成衣的整体设计与制作能力，同时在平时的练习中训练学生精益求精的工作态度、严谨的工作作风，并在课堂知识的基础上训练学生的创新与设计能力。 1. 知识目标 （1）了解服装立体裁剪的文化起源和发展 （2）了解服装立体裁剪的特点及应用范围 （3）理解服装结构与人体的关系 （4）理解不同服装面料特性与结构设计的关系 （5）理解平面结构设计与立体结构设计的关系 （6）理解衣身省道转移原理		

续表

原教学目标	（7）掌握立裁的基本针法 （8）掌握服装结构设计的基本原理和服装立体裁剪的操作技术 （9）掌握衣身、衣袖、衣领、裙装的立裁操作方法 （10）掌握立裁各种装饰的表现手法 2. 能力目标 （1）能准确黏贴人台标志线 （2）会制作人台手臂模型 （3）能熟练利用立裁技术进行成衣设计与制作 （4）能利用立裁艺术技巧进行创意礼服的设计与制作 （5）能提高艺术服装的创作能力及审美能力 3. 素质目标 （1）获得深厚的服装立裁专业理论知识和较强的设计理念 （2）提高团队协作能力 （3）提高设计创新能力 （4）养成良好的职业道德，遵守行业规范 （5）养成善于动脑、勤于思考、及时发现问题、分析问题、解决问题的学习习惯

新课程教学目标		
基于布鲁姆教育目标分类法的说明	认知层次：对信息的记忆	引用、找到、查找、定义、描述、列举、识别、匹配、记住、命名、认出、记录、复述、重复、报告、说明、陈述、列表、标明等
	理解层次：用自己的语言解释信息	确认、澄清、分类、叙述、解释、鉴别、选择、转换、区别、引申、归纳、举例说明、摘要、改写、推断、评阅、释义、说明、讨论等
	应用层次：将知识应用于新的情景	应用、计算、运用、实行、示范、改变、阐述、修改、制定……方案、展示、估算、操作、表演、练习、模拟、使用、解答、实施等
	分析层次：将知识分解，找出各部分之间的联系	分析、对照、分类、比较、图示、检查、评价、估量、把……归类、对比、探测、分解、归纳、设想、假设、整理、组织、概述、总结、测试等
	评价层次：根据一个标准做出价值判断	鉴别、比较、评定、判断、总结、证明、核对、说服、辩护、给……评级、推荐、预判等
	综合创造层次：将知识重新组合，形成新的体系	编写、创造、设计、提出、聚焦、组合、构建、谋划、开发、发明、计划、制定、修订、提议、重组、转变、构想、策划等

167

基于布鲁姆教育目标分类法的教学目标描述（一句话说明）	认知：掌握关于立体裁剪的起源与发展、人台标记、布纹整理、假缝针法等相关知识	
	理解：通过完成一个修身连衣裙的立裁项目实施了解行业需求和客户的个性化设计需求	
	应用：把握修身连衣裙立裁过程中款式设计、人台标记及取布、立裁别样及假缝、样板制作的技术技法	
	分析：正确分析并把握特体、个体特性，有针对性对产品进行改进	
	评价：建立生师企多方评价体系，从专业审美、实用性等角度对立裁作品全面考核	
	综合/创造：学生从客户需求出发，结合新材料、新技术、新工艺，在款式设计中设计思想与面辅料密切融合，在人台标记中把握美感，在立裁别样中精益求精对作品改进、提升，进行完美表达，提高学生的创新与设计能力、对产品的宣传推广能力	
创新创业融合点	同理心（以市场/客户服务为中心） 批判性思维（发现问题、提出问题） 发散思维（分析问题、借鉴创新、微创新） 企业家精神（创业精神、执行力、工匠精神） 新技术视野（行业发展趋势） 美好生活需求（创新的价值与方向） 自主学习能力（课内+课外） 沟通、表达与团队协作能力（分析问题、解决问题）	在"情景与案例"中体现为：通过企业 OEM 订单连衣裙设计、学院合唱比赛团体连衣裙设计、满足社区"微心愿"老年服装表演队连衣裙设计等项目，让学生对客户需求有理解，用案例传递情感传递需求 在"问题引导"中体现为：学生分组看完案例项目后，对整个项目情景进行分析：提炼设计共性，找出存在问题，在借鉴基础上进行创新提高 在"分组教学"中体现为：发挥团队协作 1+1 大于 2 的力量：分工互补，小组成员互相沟通协调，在取布过程中精打细算，节约成本、在用剪刀用针的过程中安全操作的职业意识、职业素养；在立裁操作过程中反复调整，精益求精的工作态度 在"课堂训练"中体现为：教学做一体的教学过程中，做中学，做中教。课前课后相关任务完成过程中的自主学习能力、在分组实操及小组成果汇报等环节的沟通表达能力、整个项目实施过程的团队合作精神 在"实践项目"中体现为：设计教学项目，真题真做、真题重做或假题真做。给出客户需求，构思，按照行业标准打造连衣裙作品，在设计实践过程中体现创新思维，融合双创元素并进行产品推介，使其符合客户需求，从而完成需求—创意—创新—作品样品—产品—商品的转换。在创意—成品的过程中锻炼执行力 在"作业任务"中体现为：让学生学会思考（思考创新点）：新技术、新材料、新工艺等；同时要具有国际视野，多看多想多练 在"学习成果"中体现为：项目成果的完成，是服装设计师、制板师岗位工作流程的全面呈现，工作过程精益求精，作品有价值，让学生有获得感，认同感，成就感

续表

课程思政融合点	世界观、人生观、价值观、职业观 四个自信 习近平新时代中国特色社会主义思想 中华优秀传统文化教育 宪法法治教育 职业理想和职业道德教育 社会主义核心价值观 爱党、爱国、爱社会主义、爱人民、爱集体 新时代主要矛盾 国家和区域发展需求 行业和职业发展需求	在"价值塑造"中突出：鼓励文化自信，传统文化艺术元素融入服装设计 在"知识传授"中强调：注重职业理想、职业道德，融合区域文化，保护传承发扬优秀的传统文化 在"能力培养"中体现：对服装产品设计制作的能力，把握好新时代主要矛盾，对服装柔性生产、个性定制等时代性元素和需求自然融入，满足人们对美好生活的需求 在"课堂教学"中落实：适应区域经济发展需求，市场和客户需求。锻炼学生在设计环节融入传统文化教育；在取布（面料的特性面料创新）过程中精打细算，节约成本；在用剪刀用针的过程中安全操作的职业意识、职业素养；在立裁操作过程中反复调整，精益求精的工作态度 在"实践教学"中开展：在项目实施过程中设计上技法上工艺上敢于创新，善于对样品进行借鉴观察，满足人们对美好生活的向往和需求以及精益求精的工作态度和工匠精神 在"教学方法"中改进：企业导师参与教学，教师把传统文化、职业道德等融入实践项目中，培养"应用型""技能型""复合型""创新型"的人才
劳动教育结合点	新知识、新技术、新工艺、新方法的应用 职业经验的积累 解决问题的能力 树立正确择业观 公共服务意识与风险精神	在教学引导中体现为：适应行业发展需求，市场和客户需求；创新思维的培养，新材料、新技术、新工艺的应用；职业经验的有效传递 在教学过程中体现为：在项目实施过程中熟悉服装设计师、制版师的岗位流程并落实工艺标准，应用职业经验完善教学内容，自评、小组互评与教师点评示范相结合，发现问题并解决问题 在教学成果中体现为：完美表达作品，在成果中体现客户需求，满足公共服务需求
美育教育结合点	社会主义核心价值观 正确审美观念培养 社会及职业道德情操培养 中华优秀传统文化传承 革命文化 创新能力培养 艺术经典教育	在教学引导中体现为：在款式设计、人台标记线粘贴、立裁省褶裥的表现等过程中正确审美观的培养 在教学过程与内容中体现为：在任务实施过程中成本控制、安全操作等职业道德情操培养；严格按照生产工艺标准实施的工匠精神培养；在立裁省褶裥分割线结构线处理过程中的创新创造能力培养 在教学成果中体现为：最终的作品完美表达对优秀传统文化传承以及创新能力培养

可视化的教学成果	过程性成果：修身连衣裙的款式设计、人台标记、立裁别样、样板（结合工作室） 结果性成果：连衣裙的样品展示；产品推广海报、视频；发布会（动态/静态）
新教学目标综述	通过任务引领的项目教学活动，使学生认识服装立体裁剪基础知识；掌握立体裁剪技术；理解行业需求和客户的个性化设计需求；能正确分析并把握特体、个体特性，有针对性对产品进行改进；提高学生对服装成衣的整体设计与表现能力；在学习中培养学生精益求精的工作态度，正确的价值观、审美观；提高学生的创新与设计能力、对产品的宣传推广能力 　　**（一）知识目标** 　　（1）了解关于立体裁剪的起源与发展、人台标记、布纹整理、假缝针法等相关知识 　　（2）理解服装结构与人体的关系 　　（3）理解不同服装面料特性与结构设计的关系 　　（4）理解平面结构设计与立体结构设计的关系 　　（5）理解省道转移原理 　　（6）掌握服装结构设计的基本原理和连衣裙立体裁剪的操作技术 　　（7）通过完成一个修身连衣裙的立裁项目实施了解行业需求和客户的个性化设计需求 　　**（二）能力目标** 　　（1）能准确理解款式设计意图并进行人台标记及取布 　　（2）会制作人台手臂模型 　　（3）能把握修身连衣裙立裁过程中款式设计、人台标记及取布、立裁别样及假缝、样板制作的技术技法，熟练利用立体裁剪技术进行连衣裙造型设计与样板制作 　　（4）正确分析并把握特体、个体特性，有针对性对产品进行改进 　　（5）能提高艺术服装的创作能力及审美能力 　　**（三）素质目标** 　　（1）掌握深厚的服装立体裁剪专业理论知识和较强的设计理念 　　（2）在小组任务实施过程中提高团队沟通协作能力 　　（3）从设计思维出发，善于融入传统文化元素，提高服装设计创新能力 　　（4）在项目实施过程中遵守行业规范，节约面辅料成本、安全操作、对作品精益求精，养成良好的职业道德 　　（5）在项目完成过程中养成善于动脑、勤于思考、及时发现问题、分析问题、解决问题的学习习惯

表 5-9　服装立体裁剪课程专创融合建设之教学方案设计表
（混合式教学精品课程）

课程信息			
课程名称	服装立体裁剪	课程学时	32
课程学分	2	所属学院/专业	工商学院/服装设计与工艺
课程定位	□公共基础 □专业基础 √专业核心 □专业课 □实践课 □实验课	课程形式	□大班 √小班 √分组教学 □集中教学
课程性质	√必修课 □选修课	班级人数	32
考核方式	项目化考核	教材选用	参考
前置课程	服装色彩与图案设计、服装材料学、电脑款式设计、服装 CAD 应用、服装结构与工艺		
学情分析	知识情况：本课程授课对象为服装设计与工艺专业二年级学生，他们已系统学习过服装设计基础、结构与工艺基础等课程 技能情况：具备一定的设计、制板、工艺能力以及服装款式设计软件与 CAD 软件操作能力 思维与素养情况：通过调研发现，学生对网络、智能终端等信息化手段兴趣浓厚，操作熟练，但较少将其运用于学习。学生不喜欢传统"一言堂"填鸭式教学方式，而是希望课堂形式丰富多样；学生设计思维活跃，有创新思想，对个性设计充满期待，但职业素养有待加强		
教学单元	教学环节、内容与教学设计		
1. 认识立体裁剪：课程概述（2 学时）	课程导入	观看土豆视频立裁小礼服、bilibili 关于立裁你必须知道的事儿等视频，了解什么是立裁，立裁的历史与发展 搜索有关立裁的服装图片，上传到云课堂平台 通过课前自主学习，引导学生思考	
	教学过程	1. 引用教学图片：立体裁剪的品牌优秀作品（云课堂平台《服装立体裁剪案例》）学生讨论什么是服装立体裁剪（概念、特征），教师进行教学说明 2. 小组展示：以小组为单位，分享课前的资料搜集，阐述立裁的历史与发展，教师总结补充点评 3. 教学提升：教学视频：《高手之路——服装立体裁剪》 4. 小组讨论：思考立体裁剪与平面裁剪的关系，师生互动，教师点评	

教学单元	教学环节、内容与教学设计	
1. 认识立体裁剪：课程概述（2学时）	教学过程	5. 提升教学：教学图片：云课堂学生的素材搜集图片；微课视频：人台手工小礼服制作，视频来源于新浪微博，感受服装立体裁剪的艺术性；观看学习强国：云南玉溪传统手工刺绣；新浪微博：香奈儿刺绣高定——手工羽毛缝制；学习强国：传承苗族蓝染"致富花"等视频，思考立裁的创新设计、立裁与其他艺术形式的融合 6. 小组讨论：形式美、肌理美，教师总结 7. 课程考核评价方式：讲解
	作业安排	1. 以小组为单位讨论思考（造型与材质、结构与人体、平面与空间等关系） 2. 准备立裁工具
2. 立体裁剪的工具和使用（2学时）	课程回顾	1. 好看视频：服装设计—手臂立裁制作过程、专业立裁手臂模型怎么填棉与缝制 2. 优酷视频：简单针插制作过程、心形针插包的做法、废物利用，瓶盖针插制作 3. 工具准备
	教学过程	1. 引入微课视频：立体裁剪基础分享，服装设计立裁需要准备的工具，视频来源于好看视频；引出教学重点：立裁工具使用的基本方法 2. 小组练习：熟悉立裁工具使用、制作针插、制作布手臂 3. 教师在学生实操过程中辅导，发现问题，实操示范，强调教学重点
	作业安排	熟练掌握工具使用，完成针插、和布手臂制作
3. 布纹整理（2学时）	课程回顾	1. 立裁的工具与使用（课下观看艺服网络课堂第1课、第2课《立裁工具介绍》AB） 2. 作业展示：通过往届作业的分析，引出布纹是否需要整理的问题，引导学生思考
	教学过程	1. 引用教学视频：自录微课视频《布纹整理的方法》，或PPT《服装立体裁剪布纹整理》进行教学说明 2. 小组训练：布纹整理，找出正确的经纬纱 3. 小组展示：师生互动，教师点评 4. 提升教学：腾讯视频立体裁剪教程《坯布选用》、优酷视频艺服网络课堂第3课《立裁坯布使用》 5. 小组进行作业的调整修正
	作业安排	1. 作业说明：进行作业说明（PPT：完成人台标记线的黏贴） 2. 下次课程内容：引用教学视频：平台《人台及坯布准备》《立裁人台的选择与补正》

教学单元		教学环节、内容与教学设计
4. 人台标记（2学时）	课程回顾	1. 通过优酷艺服网络课堂服装立裁视频中立裁人台标记线贴法（A）（0：30-2：00），说明黏贴标记线的重要性 2. 课前任务成果展示
	教学过程	1. 根据课前任务完成的情况，教师点评 2. 通过优酷艺服网络课堂服装立裁视频中的立裁人台标记线贴法（A）（2：00-5：30），说明人台调整的重要性及调整方法的重要性 3. 通过优酷艺服网络课堂服装立裁视频中的立裁人台标记线贴法（A）（5：30-15：33），立裁人台标记线贴法（B）（00：30-16：02）引出教学重点：标记线黏贴的基本方法 4. 小组讨论进行作业修正调整。教师在学生实操过程中辅导，发现问题，通过微课视频《胸腰臀围线的确定》强调教学重点 5. 引用教学视频优酷视频第一节课服装女体人台标记线：立裁（46~53min）、优酷视频服装制板视频教程立裁标记线定法（6：40-8：10）引出教学难点：弧形标记线黏贴的方法，自录微课视频《弧形标记线黏贴的方法》 6. 小组进行修正调整作品 7. 作品自评，小组互评，教师评价
	作业安排	1. 完善作品 2. 观看好看视频"立裁入门篇（第2期）下"动手之前，准备工作二三事、服装设计《人台标记线》贴线黏贴方法教程、爱奇艺《人台标记线贴法》、优酷视频第一节课服装女体人台标记线：立裁 3. 下次课程内容：引用教学视频《立裁针法》
5. 立裁针法（2学时）	课程回顾	1. 微课视频（5种阵法） 2. 针法训练需用工具及材料
	教学过程	1. 观看作品，了解针法的作用和意义并进行任务布置 2. 学生针法训练 3. 教师示范演示 4. 小组训练作品修正 5. 作品自评，小组互评，教师评价
	作业安排	1. 继续完成针法的训练 2. 了解不同款式特殊针法的应用

续表

教学单元	教学环节、内容与教学设计	
6. 原型立体裁剪：上衣（2学时）	课程回顾	1. 立裁基础知识的回顾（工具及材料、针法、布纹整理等） 2. 平面原型上衣的样板
	教学过程	1. 任务说明，工具及材料的准备 2. 原型立体裁剪：上衣操作讲解 3. 小组训练，教师辅导 4. 作品自评，小组互评，教师评价
	作业安排	1. 完善作品 2. 拓展：搜集资料了解上衣原型不同省道的操作原理
7. 原型立体裁剪：半裙（2学时）	课程回顾	1. 原型上衣立裁的回顾 2. 平面原型版半裙的样板
	教学过程	1. 任务说明，工具及材料的准备 2. 原型立体裁剪：半裙操作讲解 3. 小组训练，教师辅导 4. 作品自评，小组互评，教师评价
	作业安排	1. 完善作品 2. 拓展：搜集资料了解半裙原型不同省道的操作原理
8. 样板制作：布片拓板（2学时）	课程回顾	1. 原型衣的立裁别样 2. 汇总课前任务学习的问题
	教学过程	1. 任务说明，工具及材料的准备 2. 布片拓板，操作讲解 3. 小组训练，教师辅导 4. 作品自评，小组互评，教师评价
	作业安排	1. 完善作品 2. 拓展：对比平面制板与立体的不同，更深入了解样板制作原理
9. 样衣制作：平面变立体（2学时）	课程回顾	原型衣的立裁操作、布片拓板
	教学过程	1. 任务说明，工具及材料的准备 2. 样衣制作操作讲解 3. 小组训练，教师辅导 4. 作品自评，小组互评，教师评价
	作业安排	1. 完善作品 2. 拓展：了解不同面料特性对服装整体的影响

续表

教学单元	教学环节、内容与教学设计	
10. 修身连衣裙的款式设计（2学时）	课前准备	观看案例好看视频：简洁修身连衣裙，展现优美身段；腾讯视频：香奈儿 J12 腕表发布会，红色连衣裙惊艳全场；好看视频：高开衩修身连衣裙，高级优雅又性感；往届学生设计稿等，积累设计素材，寻找设计理念
	任务导入	1. 发布企业订单，以小组为单位，为鸿天服装公司设计研发 2021 年春夏系列合体连衣裙新品，播放自录企业导师新品订单发布视频 2. 学习线上课程并搜集 2021 年春夏款式、色彩、面料流行趋势的相关资料 3. 以小组为单位，根据流行趋势和企业要求设计一款合体连衣裙
	任务实施	1. 小组分享与讨论，小组作业分享，同学们找出问题，教师总结方法原理。同学讲解，教师示范 3D 仿真软件，模拟穿衣效果，找出问题，学生讨论，教师总结本节课重点，自录《修身连衣裙 3D 虚拟试衣》 2. 引导教学：企业案例作品，引出企业标准（自录《企业标准分析》），找到差距，提出本节课难点。学生自行观看腾讯视频《连衣裙设计风格》、腾讯视频《亲子连衣裙设计创意》等，激发学生创意灵感 3. 作品提升改进、实操，并根据企业标准完善作品 4. 作品展示，进行小组自评、互评，教师点评
	作业安排	1. 作业完善：根据教师点评，完善作品 2. 打开学习强国 App，观看有关祖国发展的相关视频，感受爱国情怀，提炼中国元素，与合体连衣裙创意设计相结合，完成款式拓展任务 3. 理解客户需求并应用到设计作品中 4. 拓展项目任务单：完成社区微心愿，为社区老年服装表演队活动创意设计连衣裙
11. 修身连衣裙人台标记及取布（2学时）	课程回顾	1. 通过回顾上个任务的结果，明确学生的设计思路，引导学生掌握实现款式到成衣转变的方法。通过教学视频（好看视频《立体裁剪连衣裙教程》），引导学生认识人台设计线标记和坯布准备的重要性 2. 展示课前各小组人台标记线粘贴作业，引导各小组提出在自学中发现的问题
	教学点一	1. 结合课前问题汇总，引导操作较好的小组讲解黏贴的思路和方法，教师总结方法原理，自录教学视频《修身连衣裙标记线粘贴的注意事项》，加深学生的理解，解决本节课重点问题

教学单元	教学环节、内容与教学设计	
11. 修身连衣裙人台标记及取布（2学时）	教学点一	2. 布置学生通过三维软件的操作展示小组贴线的效果，根据形式美法则进行设计线黏贴的提升，设计线不仅要按照款式设计的位置来黏贴，还要考虑到整体的比例和功能性。通过教学视频《使用3D调整标记线》（自录）解决本节课难点 3. 作品提升改进、实操 4. 作品展示，进行小组自评、互评，教师点评 5. 通过教学视频bilibili：《立体裁剪—挤奶工连衣裙》）强调设计标记线与成衣的关系
	教学点二	1. 引导学生根据黏贴的标记线进行坯布准备，通过教学视频bilibili《日本立裁大师教你立体裁剪A型连衣裙A line dress》展示坯布与成衣的关系 2. 小组实操，教师指导 3. 小组展示 4. 教师讲解重点，做好丝缕和文字的标注
	作业安排	1. 作业说明：根据教师点评，完善作品 2. 观看视频：爱奇艺《交叉褶形款式立体裁剪 连衣裙立体裁剪》、bilibili《一休手工大合集》立体裁剪麻花连衣裙皱裙的视频制作教程、好看视频《3D螺旋褶连衣裙：立体裁剪教学》、bilibili《立体裁剪：世纪经典连衣裙》、优酷视频《服装制版打版视频教程：不规则连衣裙立体裁剪》、好看视频《锤褶单肩连衣裙立体裁剪详细教程：穿上不输给明星》（15：04） 3. 下次课程内容：引用教学视频：立裁别样及假缝
12. 修身连衣裙立裁别样及假缝：上半身省道的转移（2学时）	课程回顾	1. 回顾前两个任务的内容 2. 汇总课前任务学习的问题
	教学过程	1. 任务说明，工具及材料的准备 2. 修身连衣裙（上半身省道的转移）操作讲解 3. 小组训练，教师辅导 4. 作品自评，小组互评，教师评价
	作业安排	1. 完善作品 2. 拓展：举一反三，能根据不同款式作上半身不同省道设计转移操作

教学单元	教学环节、内容与教学设计	
13. 修身连衣裙立裁别样及假缝：大摆裙波浪褶皱的制作（2学时）	课程回顾	1. 回顾前两个任务的内容 2. 汇总课前任务学习的问题
	教学过程	1. 任务说明，工具及材料的准备 2. 修身连衣裙（上半身省道的转移）操作讲解 3. 小组训练，教师辅导 4. 作品自评，小组互评，教师评价
	作业安排	1. 完善作品 2. 拓展：举一反三，能根据不同款式作下半身立裁操作
14. 修身连衣裙样板制作：布片拓板（2学时）	课程回顾	1. 通过视频引申思考：教学视频 bilibili《板型高速路上的核心——立裁白坯怎样形成样板》（01：36）引出布片拓板的重要性 2. 课前任务成果展示（将布片从人台拆下、修正标记、熨烫、整理）
	教学过程	1. 引导各小组提出在实操中发现的问题，并进行讲解与示范，引出本课重点。通过教学视频 bilibili《服装立体裁剪平面整理》（15：48）说明正确的方法和步骤，布置调整样板的任务 2. 观察各小组工作过程，并辅导答疑 3. 讲解制图原理并使用服装 CAD 进行实操示范，破解难点（教学视频自录《用 CAD 进行省量转移》） 4. 教师布置输出样板的任务，在学生操作过程中进行辅导答疑 5. 进行教学总结，重点讲解课前和课上出现问题较多的知识点 6. 根据每个小组课堂完成任务情况给进行小组自评互评，教师评价
	作业安排	1. 作业说明：根据教师点评，完善作品 2. 下次课程内容：引用教学视频（实践项目）
15. 连衣裙样衣制作：平面变立体（2学时）	课程回顾	1. 通过回顾上个任务的结果，明确学生的设计思路，通过教学视频 bilibili《Christian Dior 礼服立裁做坯全过程》（05：35），引导学生认识到从款式图到成衣实现的过程 2. 展示课前各小组作业，引导各小组提出在自学中发现的问题
	教学过程	1. 任务说明，工具及材料的准备 2. 样衣制作 操作讲解 3. 小组训练，教师辅导 4. 作品自评，小组互评，教师评价
	作业安排	1. 完善作品 2. 拓展：新材料新工艺新技术对服装造型的影响

教学单元	教学环节、内容与教学设计	
16. 项目成果展示考核（2学时）	课程回顾	1. 本课程 15 个单元任务完成情况 2. 汇总任务完成过程中的问题
	教学点一（连衣裙成品展示）	1. 情景建构：引用案例视频《SS21 东京男女时装周》（时长 1min47s）引出连衣裙成品展示问题，引导学生思考 2. 小组讨论：引用案例视频《GUCCIC 春夏系列》（时长 3min20s），提出问题"如何将成品以静态展的形式展示出来" 3. 小组分享，3 人一组，每组组长介绍自己小组将如何展示，师生互动，教师点评，给过程分 4. 内容教学：引用教学视频《立体裁剪作品展示》（时长 40s）进行教学内容讲解 5. 小组训练：分组展示连衣裙成品 6. 作品点评
	教学点二（连衣裙产品推广）	1. 情景建构：引用案例视频《女装直播》（时长 13s）进行案例讲解，引出连衣裙产品推广问题，引导学生思考 2. 教学内容：引用教学视频《拼多多服装产品直播》（时长 1min）进行教学说明 3. 小组分享，3 人一组，每组组长介绍自己小组将如何录制视频，推广产品，师生互动，教师点评，给过程分 4. 小组训练：分组录制连衣裙产品推广视频 5. 课程总结
	作业安排	作业说明：根据课上录制内容，以小组为单位剪辑视频；每名同学设计制作产品推广海报

表 5-10　营销策划课程专创融合建设之教学目标设计表

课程信息			
课程名称	营销策划	课程学时	32
课程学分	2	所属学院/专业	工商学院/市场营销专业
课程定位	□公共基础 □专业基础 □专业核心 □专业课 □实践课 □实验课	课程形式	□大班 □小班
课程性质	□必修课 □选修课	班级人数	40
前置课程	市场营销、消费者行为分析、市场调研与预测、管理学基础、经济学基础、会计基础		
考核方式	职教云占 30%，期末试卷占 70%	教材选用	

	课程设置与社会需求对接，课程内容与职业标准对接，教学过程与生产过程对接；价值塑造与知识传授、能力培养一体化
课程设置对人才培养方向的支撑说明	1. 随着"互联网+"时代的到来，由于新工艺、新技术、新标准对从业人员提出了新的要求，本课程通过构建场景化的教学，提升学生的职业素质，加深对社会需求的认知 2. 由于新工艺、新技术、新标准的时代特征改变了对从业人员的岗位需求，本课程在内容设置上主要以房地产、二手车、保险、电商、教育培训行业对营销从业人员岗位职业标准为导向，营销策划课程通过重构教学内容，通过依托真实案例——章丘铁锅，贯穿课程始终，引导学生利用所掌握理论知识，结合好的策划创意，成功地来为章丘铁锅撰写产品策划、价格策划、品牌策划等一系列策划方案 3. 在教学过程中通过有目的、有步骤地实施以任务驱动的项目教学，构建课堂训练、实践教学内容，同时对接实际企业营销策划过程，引导学生在团队合作中，完成撰写一份营销策划方案或营销策划的其他工作，提升学生在产品策划与开发、发布、推广的能力，能胜任营销的促销、公关、广告策划等工作岗位所必需的实践能力 4. 通过课程设置与社会需求、课程内容与职业标准、教学过程与生产过程对接的实现，重点培养学生的创新思维，解决学生在撰写营销策划方案中遇到的对客户需求认知不清晰、策划方案不完善、策划方案创新不足等问题，锻炼学生通过自主学习掌握做营销活动工作思路与方法的能力，切实提高学生在撰写营销策划方案、创意意识、处理策划实际问题的综合职业素养，培养具备信息化视野的高素质技术技能复合型人才
原教学目标	营销策划课程是市场营销专业的一门专业核心课程，既是市场营销专业一门提升学生综合运用专业知识能力的专业核心主干课程，也是培养学生职业综合能力和岗位技能的岗前训练课程和培养学生创新创业能力的指导课程。使高等职业学院市场营销专业的学生了解市场营销策划的流程及其各种策划方案侧重点和内容，培养学生初步具有创新思维和分析问题、解决问题的能力，并能制定具体的市场调研策划、营销战略规划、产品上市及品牌策划、营销策略组合策划和各种促销活动策划等方面的策划技能，切实提高学生的实际动手能力和处理实际问题的综合素质能力。职业能力目标是要达到能选择适合的项目或产品，并组织建立营销团队，提出总体营销思路。能够系统地根据主题设计调研方案。能够制定调研执行计划、组织并实施。能够收集资料、信息，进行分析并撰写调研报告。能够制定调研策划，进行全面调研，并进行全面系统的分析调研结果，在市场调研的基础上，提出创意，制定各类营销战略、策略及具体的行动方案，撰写市场营销策划方案。能够在调研的基础上进行全面系统的分析，提出创意，制定并撰写产品上市、品牌策划、促销和商演活动的策划方案；熟悉 CIS 策划的内容和流程 （一）技术知识目标 1. 掌握营销策划的基本内容 2. 掌握营销策划的基本原理和方法知识 3. 掌握企业营销环境下的创意性策划的基本知识 4. 掌握产品策划，形象策划，谋略性策划，营销推广策划等方面的知识 5. 掌握营销策划管理的知识

原 教 学 目标	（二）职业能力目标 1. 具备营销企业和市场的认知能力 2. 具备分析和掌握顾客消费心理的能力 3. 具备特定环境下的营销策划能力 4. 具备市场调研和分析的能力 5. 具备进行市场细分、市场定位的能力 6. 具备市场营销策划运作能力（策划能力、实施管理能力、推销能力） （三）职业素质目标 1. 具备优良的职业道德素养，能遵守职业道德规范 2. 具有合作精神，善于沟通、豁达、诚信、团结、乐于助人 3. 自我调整与管控能力 4. 主动观察、分析问题的能力 5. 语言表达能力 6. 具有强烈的责任意识，能自主完成工作岗位任务

新课程教学目标		
基于布鲁姆教育目标分类法的说明	认知层次：对信息的记忆	引用、找到、查找、定义、描述、列举、识别、匹配、记住、命名、认出、记录、复述、重复、报告、说明、陈述、列表、标明等
	理解层次：用自己的语言解释信息	确认、澄清、分类、叙述、解释、鉴别、选择、转换、区别、引申、归纳、举例说明、摘要、改写、推断、评阅、释义、说明、讨论等
	应用层次：将知识应用于新的情景	应用、计算、运用、实行、示范、改变、阐述、修改、制定……方案、展示、估算、操作、表演、练习、模拟、使用、解答、实施等
	分析层次：将知识分解，找出各部分之间的联系	分析、对照、分类、比较、图示、检查、评价、估量、把……归类、对比、探测、分解、归纳、设想、假设、整理、组织、概述、总结、测试等
	评价层次：根据一个标准做出价值判断	鉴别、比较、评定、判断、总结、证明、核对、说服、辩护、给……评级、推荐、预判等
	综合创造层次：将知识重新组合，形成新的体系	编写、创造、设计、提出、聚焦、组合、构建、谋划、开发、发明、计划、制定、修订、提议、重组、转变、构想、策划等

续表

基于布鲁姆教育目标分类法的教学目标描述（一句话说明）	认知：描述营销策划的概念和内涵，记住产品策划、价格策划、促销策划等策划常规工作流程 理解：基于认知基础上，能区别不同客户需求、不同营销阶段、不同行业特征，归纳出不同企业的个性化策划需求 应用：基于对客户需求的理解上，能构建营销策划方案的要点，设计出适合企业的个性化需求的营销环节 分析：基于前期营销策划过程的分析和应用，能甄别不同营销策划方案的优势，比较不同方案的针对性和实用性 评价：基于比较分析不同方案的优缺点，能预判方案是否满足企业个性化需求，并能借鉴其他企成功经验，进行方案创新 综合/创造：基于对方案评价的基础上，转变固有思维模式，重组或优化构建策划方案，为客户提供更好策划服务	
创新创业融合点	同理心（以市场/客户服务为中心） 批判性思维（发现问题、提出问题） 发散思维（分析问题、借鉴创新、微创新） 企业家精神（创业精神、执行力、工匠精神） 新技术视野（行业发展趋势） 美好生活需求（创新的价值与方向） 自主学习能力（课内+课外） 沟通、表达与团队协作能力（分析问题、解决问题）	在"情景与案例"中体现为：通过构建与房地产、二手车、保险、电商、教育培训等行业相关的工作场景与案例，让学生了解该业发展趋势，让学生能以同理心了解市场/客户的需求，学会从客户需求出发，撰写策划方案 在"问题引导"中体现为：通过构建与营销相关的工作场景和案例，例如在策划创意中，通过小组讨论让学生发散思维，探究什么创意、如何将好的创意融入策划方案中，激发学生自主学习意识 在"分组教学与训练"中体现为：依据"六项思考帽"实施分组教学管理，在课堂训练中通过模拟未来策划工作场景，让学生根据所戴思考帽的颜色，明确任务分工、各司其职，充分表达在策划方案要素、创意、设计环节等不同的观点，小组成员积极沟通互动，调动自主学习积极性，锻炼创新思维、批判思维，提升团队合作效率 在"实践项目"中体现为：针对营销策划方案中的设计环节、要素、阶段方案、流程、效果等，让学生在实践项目中，掌握如何将好的创意融入方案中，如何根据客户/市场个性化需求，撰写满足需求的策划方案，真正实现巩固所学，应用所学，拓展所学 在"作业任务"中体现为：知识思考型作业（课内50%+课外50%），课内主要通过相关营销案例视频，以提交相关作业的形式构建营销策划的知识体系；课外主要依托真实项目，让学生明确所学知识的使用空间和方法

创新创业 融合点	同理心（以市场/客户服务为中心） 批判性思维（发现问题、提出问题） 发散思维（分析问题、借鉴创新、微创新） 企业家精神（创业精神、执行力、工匠精神） 新技术视野（行业发展趋势） 美好生活需求（创新的价值与方向） 自主学习能力（课内+课外） 沟通、表达与团队协作能力（分析问题、解决问题）	样本调研性作业，让学生根据客户个性化需求、不同策划案的要素、环节、流程，开展相关市场调研，形成调研结论，为撰写策划方案提供数据分析和建议 项目创意作业，主要通过引导学生利用所学的营销策划的相关知识，能充分利用团队合作优势、发散思维、各司其职，撰写出令客户满意的营销策划方案 通过布置三类不同的作业，让学生在构建策划知识体系的基础上，能利用所学开展调研，了解市场和客户需求，发挥团队优势，最终完成让客户满意的策划方案 在"学习成果"中体现为：引导学生将最终形成的策划方案，通过课内外打磨，参加创新创业类比赛，实现以赛促教，赛教结合；或通过本课程学习，借鉴他人优秀项目，进行自身项目的微创新，解决创业困惑；或通过本课程的学习，能形成大学生职业成长策划案的撰写，实现通过创业带动就业，为以后清晰的职业规划打下良好基础
课程思政 融合点	世界观、人生观、价值观、职业观 四个自信 习近平新时代中国特色社会主义思想 中华优秀传统文化教育：销售最后一环节、取消消费者顾虑 宪法法治教育：虚假广告 职业理想和职业道德教育 社会主义核心价值观：诚信 爱党、爱国、爱社会主义、爱人民、爱集体 新时代主要矛盾 国家和区域发展需求 行业和职业发展需求：区域经济发展	在"价值塑造"中突出：在进行策划创意中的讲授中，要让学生明确法制意识，进行职业道德教育，在进行营销策划中，要将诚信营销，在进行撰写营销策划方案中注入社会主义核心价值观及中华传统文化因素，帮学生树立正确世界观、人生观、价值观 将把营销策略的制定、产品的销售、市场营销行为、货款的回收等所涉及的法律法规作为课外拓展阅读，对学生进行宪法法治教育，防止发生欺诈受骗、违规受罚，规范地进行营销活动，提高服务质量 在"知识传授"中强调：通过引导学生树立"以客户为中心"的现代营销理念，积极践行新儒商精神，提升营销能力和素养，提升自身职业素养 在进行产品策划时，章丘铁锅是如何通过将过硬的产品质量与中国传统文化相结合，把品牌推向了世界舞台

课程思政 融合点	世界观、人生观、价值观、职业观 四个自信 习近平新时代中国特色社会主义思想 中华优秀传统文化教育：销售最后一环节、取消消费者顾虑 宪法法治教育：虚假广告 职业理想和职业道德教育 社会主义核心价值观：诚信 爱党、爱国、爱社会主义、爱人民、爱集体 新时代主要矛盾 国家和区域发展需求 行业和职业发展需求：区域经济发展	在进行广告策划时，要法律法规为底线，引导学生在进行营销策划时要先要学会诚信做人，然后结合产品特色进行合理、合规营销，大力弘扬社会主义核心价值观，倡导社会主义正能量，不能进行虚假宣传 在"能力培养"中体现：让学生在创作策划创意或撰写营销策划方案时，能够学以致用，进行文化营销，充分依托山东区域经济发展的特色，结合历史底蕴深厚的齐鲁文化，在营销策划方案中融入优秀的中华传统文化，体现社会主义核心价值观，贯彻习近平新时代中国特色社会主义思想 在"课堂教学"中落实：通过不同营销策划实际案例、教学场景及课堂训练的选择上，始终秉承"立德树人，以人为本"的育人理念，引导学生，对社会主义核心价值观、职业理想及职道德教育等的深刻认识 在"实践教学"中开展：通过课后作业或学生的双创项目，进一步巩固学生对课堂教学所构建的场景，进行举一反三，针对所研究的实际案例或本团队的双创项目，让学生明白好的营销策划方案不是帮企业把产品卖出去，而是在满足客户需求的基础上，与客户共同实现共赢。引导学生"好的营销可以使生活更美好"，进而引导学生对营销本质的认识，提高专业学习兴趣 在"教学方法"中改进：通过"互动式""体验式"的教学手段对教学内容的重构，伴随项目驱动推进，将思政元素融入教学内容，立体化策划方案，使之更加贴近现实工作场，更能满足客户性化需求，真正实现学生学以致用，明确方向，激探究新知的欲望，帮助学生树立正确职业理想和职业道德
劳动教育 结合点	新知识、新技术、新工艺、新方法的应用 职业经验的积累 解决问题的能力 树立正确择业观 公共服务意识与风险精神	在教学引导中体现为：依托传授职业经验与特定行业背景实际案例，引导学生在进行相关营销策划活动中，能发现现有方案中不足，试图通过自主学习或团队合作通过新技术、新工艺、新方法来进行策划方法和手段的创新，来解决问题，提升自身职业素养

劳动教育结合点	新知识、新技术、新工艺、新方法的应用 职业经验的积累 解决问题的能力 树立正确择业观 公共服务意识与风险精神	在教学过程中体现为：通过课堂训练教学，引导学生运用所学营销策划知识发现问题、解决问题，能满足客户的个性化需求，为以后从事与营销相关工作，积累职业经验 在教学成果中体现为：在自评、互评和点评不同小组策划方案之后，能对本小组项目进行创新和微创新，解决方案不足，优化方案，撰写出让客户满意的策划方案，实现本课程学习目标
美育教育结合点	社会主义核心价值观 正确审美观念培养 社会及职业道德情操培养 中华优秀传统文化传承 革命文化 创新能力培养 艺术经典教育	在教学引导中体现为：通过教学场景的设立，引导学生在营销岗位上注意自身仪容仪表，通过自身职业素养和专业服务态度，在营销策划方案中融入中华优秀传统文化，给客户"营销之美"的视听冲击力，打消客户的顾虑，促进成交的达成 在教学过程与内容中体现为：在分组教学过程中，通过团队合作、集思广益，组内和组间对策划方案的分析鉴赏，培养正确的审美观；同时增加创意鉴赏教学内容，让学生在欣赏美、感受美的同时，更重要的学会创造美，能把美好的创意注入策划方案中，激发学生创新创造能力的能力 在教学成果中体现为：通过对学生作业的自评、互评、点评，帮助学生学会审美，懂得审美，明确在策划方案中如何去塑造美、创造美，帮助学生树立正确的审美观
可视化的教学成果	1. 作业成果，通过以个人或小组为单位提交视频作业的形式体现 2. 实践成果：团队项目方案（PPT+word+视频+海报） 3. 活页式教材 4. 课程改革论文一篇 5. 教学评价考核过程性考核和结果性考核相结合	
新教学目标综述	营销策划课程以立德树人为根本，由于新工艺、新技术、新标准的时代特征改变了对从业人员的岗位需求，本课程在内容设置上主要以房地产、二手车、保险、电商、教育培训行业对营销从业人员岗位职业标准为导向，营销策划课程通过重构教学内容，通过依托真实案例——章丘铁锅，贯穿课程始终，引导学生利用所掌握理论知识，结合好的策划创意，成功地来为章丘铁锅撰写产品策划、价格策划、品牌策划等一系列策划方案	

新教学目标综述	通过课程设置与社会需求、课程内容与职业标准、教学过程与生产过程对接的实现，重点培养学生的创新思维，解决学生在撰写营销策划方案中遇到的对客户需求认知不清晰，策划方案不完善、策划方案创新不足等问题，锻炼学生通过自主学习掌握做营销活动工作思路与方法的能力，切实提高学生在撰写营销策划方案、创意意识、处理策划实际问题的综合职业素养，培养具备信息化视野的高素质技术技能复合型人才 **（一）职业知识目标** 1. 掌握营销策划的基本内容和内涵 2. 掌握创意性策划的基本知识 3. 掌握产品策划、价格策划、促销策划、整合营销策划等相关知识 4. 掌握营销策划管理的知识 **（二）职业能力目标** 1. 具备营销企业和市场的认知能力 2. 具备分析和掌握顾客消费心理的能力 3. 具备特定环境下的营销策划能力 4. 具备市场营销策划运作能力（策划能力、实施管理能力、推销能力） **（三）职业素质目标** 1. 具备优良的职业道德素养，能遵守职业道德规范 2. 具有合作精神，善于沟通、豁达、诚信、团结、乐于助人 3. 自我调整与管控能力 4. 主动观察、分析问题的能力 5. 语言表达能力 6. 具有强烈的责任意识，能自主完成工作岗位任务

表 5-11 营销策划课程专创融合建设之教学方案设计表
（混合式教学精品课程）

课程信息			
课程名称	营销策划	课程学时	32
课程学分	2	所属学院/专业	工商学院　市场营销专业
课程定位	□公共基础 □专业基础 √专业核心 □专业课 □实践课 □实验课	课程形式	□大班 □小班 √分组教学 □集中教学
课程性质	√必修课　□选修课	班级人数	36
考核方式	过程性考核+结果性考核	教材选用	营销策划高等教育出版社
前置课程	市场营销、消费者行为分析、管理学基础、会计学基础、经济学基础、市场调研与预测		

学情分析	知识情况：该班学生已掌握了市场营销、消费者行为分析、商务沟通与谈判、客户服务与管理的相关专业知识。通过对市场营销专业基础课的学习，初步了解了市场营销要帮助企业解决的实际问题
	技能情况：能熟练使用智慧职教平台，熟练使用程序 XMIND 绘制思维导图，能够使用万彩动画大师制作简单动画，对互联网时代的新媒体营销有一定的了解。具备线上学习的能力，能独立完成 word 和 ppt 的基础制作
	思维与素养情况：学生思维活跃，语言表达能力强，喜欢碎片化学习，喜欢参与式等教学方式。对营销策划课程有很高的学习积极性。喜欢任务驱动的教学模式和团队合作工作模式

教学单元	教学模块	教学环节、内容与教学设计
1. 营销策划概述（90min）	1. 课程概述（20min）	1. 情景建构：引用案例视频 A1（唐诗《清明》），说明营销策划对企业经营活动的影响（2min） 2. 教学视频：J1 请同学们针对案例视频 A1，从你的认识出发，企业进行营销策划活动对企业的影响，给大家 3 分钟的考虑时间，然后请 3 个同学进行观点分享（PPT 1 页）（10min） 3. 课程价值：引用微课视频 K1（说课视频），主要通过图文并茂的形式，告知学生本课程学习哪些内容，如何学习，如何考核，需要提交的可视化成果（PPT 10 页左右）（8min）
	2. 教学要求（10min）	1. 如何学：引用教学视频 J2 告知学生如何在第一、第二、第三课堂开展学习，如何通过线上线下的不同平台及时完成相关教学任务。（PPT 6 页）（5min） 2. 如何考核：引用教学视频 J3 告知学生分别在课前、课中、课后如何进行考核，提交可视化成果的要求，以及加分项如何取得等相关事宜（PPT 3 页）（5min）
	3. 教学分组（15min）	1. 怎么分组：引用教学视频 J4 告知学生进行分组的原则、方法、具体说明，分为 6 组、一组 6 人（PPT 1 页）（2min） 2. 完成现场分组：通过职教云平台现场完成分组，小组讨论本小组的组长、组名及团队口号（10min） 3. 分组呈现：教师展示各组分组情况，组长、组号、组名等（3min）
	4. 分组训练（15min）	1. 小组的目标：引用教学视频 J5，请两个小组为代表上台展示的团队构成、优势、团队口号等（PPT 1 页）（1min） 2. 两个小组上台分享小组目标，教师予以点评（12min+2min）

教学单元	教学模块	教学环节、内容与教学设计
1. 营销策划概述（90min）	5. 知识讲授（25min）	1. 情景建构：引用案例视频 A2 维纳斯断臂之谜（PPT 1 页），引出对营销策划创意的思考问题，引导学生思考好的创意是如何吸引消费者的（5min） 2. 小组讨论：引用教学视频 J6 通过案例视频捕捉到天猫"双十一"在进行前期营销策划的哪些特点（PPT 1 页）（5min） 3. 小组分享或个人发言，师生互动，教师点评，给过程分（12min） 4. 总结归纳：微课视频：K2 营销策划的内涵（3min）
	6. 作业安排（5min）	1. 作业说明：引用教学视频 J7，布置 Z1，以个人形式提交最喜欢的三个策划方案（提交形式：广告、策划方案、视频、图文、其他形式） 2. 下次课程内容：教学视频 J8，策划创意鉴赏；结合活页式教材，展示看到最有创意的两点
2. 策划创意	1. 课程回顾（20min）	1. 作业分享与分析：教师通过平台作业情况进行展示并对完成情况进行分析（5min） 2. 基于作业内容和任务的引申思考：引用教学视频 K2，策划的内涵是什么，企业为什么要进行营销策划（PPT 1~2 页）（5min）
	2. 教学点一（30min）训练说明角色分配	1. 情景建构：引用案例视频 A3，羊羊羊，发羊财（2min） 2. 小组讨论/训练：教学视频 J8，一个看似没有文化的广告语，凭什么获得巨大成功？请以小组为单位展开讨论并总结观点（15min）。在小组中，请扮演不同年龄段的角色，鉴赏这支广告。活页式教材中的要求， 3. 抽取 2~3 个人汇报最喜欢的三个策划创意，师生互动，教师点评，给过程分（13min） 4. 内容教学：引用微课视频 K3，创意的特征，并进行教学内容讲解（PPT 1 页）（5min）
	3. 教学点二（30min）	1. 情景建构：引用案例视频 A4《士兵突击》（5min） 2. 小组讨论/训练：引用教学视频 J9《士兵突击》的创意特点，请以小组为单位总结观点（PPT 1 页）（10min） 3. 抽取 2~3 个人汇报最喜欢的三个策划创意，师生互动，教师点评，给过程分（10min） 4. 内容教学：引用微课视频 K4 创意的三大原理，或进行教学内容讲解（PPT 1 页）
	4. 作业安排（10min）	1. 作业说明：引用案例视频 J10 为章丘铁锅设计策划创意（PPT 1 页，作业具体要求）以小组为单位提交 Z2 创意与项目性作业 2. 下次课程内容：引用案例视频 A5 农夫山泉有点甜，Z3 思考性作业：如何进行策划？设计辨识度的广告语

教学单元	教学模块	教学环节、内容与教学设计
3. 开展策划	1. 课程回顾（20min）	1. 作业分享与分析：教师通过平台对各小组进行作业展示并就作业内容进行背景分析（5min） 2. 任务成果展示：随机抽取 2~3 小组进行作业汇报（10min） 3. 基于作业内容和任务的引申思考：引用教学视频 J11 总结农夫山泉公司是如何进行策划的（PPT 1~2 页）（5min）
	2. 教学点一（30min）	1. 情景建构：引用案例视频 A4 章丘铁锅（2min） 2. 小组讨论/训练：教学视频 J12，按照"策+划=策划"，为章丘铁锅构思一个策划过程。每个小组派代表上讲台来讲解自己的创意，老师和其他小组共同给予评分。老师的评分成绩占 50%，其他小组的评分占 50%（15min） 3. 小组分享或个人发言，师生互动，教师点评，给过程分（13min） 4. 内容教学：引用微课视频 K5 策划的来源，应该如何进行策划（PPT 3 页）（5min）
	3. 教学点二（30min）	1. 情景建构：引用案例视频 A5，书可不可以听？汽车可不可以飞？脚上能不能装飞轮？进口高档葡萄酒能不能卖给低消费人群（5min） 2. 小组讨论/训练：引用教学视频 J13，为手机构思一个创意，达到上述 3 个作用；每组派一个代表上讲台来讲解自己的创意，老师和其他小组共同给予评分（PPT 1 页）（10min） 3. 小组分享或个人发言，师生互动，教师点评，给过程分（10min） 4. 内容教学：引用微课视频 K6，策划创意的三个作用（PPT 1 页）
	4. 作业安排（10min）	1. 作业说明：引用教学视频 J14，如何将章丘铁锅的策划创意落地（PPT 1 页，作业按具体要求），请以个人为单位提交 Z4 视频作业 2. 下次课程内容：引用案例视频 A6，娃哈哈校园营销策划活动，Z5 思考性作业，如何进行营销策划活动
4. 营销策划的工作过程	1. 课程回顾（20min）	1. 作业分享与分析：教师通过平台对各小组进行作业展示并就作业内容进行背景分析（5min） 2. 任务成果展示：随机抽取 2~3 小组进行作业汇报（10min） 3. 基于作业内容和任务的引申思考：引用教学视频 J15，点评如发散思维将好的创意引入到策划活动中（PPT 1~2 页）（5min）
	2. 教学点一（35min）	1. 情景建构：引用案例视频 A7，百脉泉景区旅游品牌策划创意（2min） 2. 小组讨论/训练：教学视频 J16，找出百脉泉项目创意，如市场定位、广告口号以及小组如何开展策划活动。每个小组派代表上讲台来讲解自己的创意，老师和其他小组共同给予评分。老师的评分成绩占 50%，其他小组的评分占 50%（15min）

续表

教学单元	教学模块	教学环节、内容与教学设计
4. 营销策划的工作过程	2. 教学点一（35min）	3. 小组分享或个人发言，师生互动，教师点评，给过程分（13min） 4. 内容教学：引用微课视频 K7，策划创意工作环节，应该如何进行策划（PPT 3 页）（5min）
	3. 教学点二（30min）	1. 情景建构：引用案例视频：A8，"胡思乱想"广告创意训练，例如，今天西红柿炒蛋感觉不错，随机挑选中国特色营销策略之一"刺激需求"【中国人思迁】，为这个菜做广告创意"最美味的红颜知己"（5min） 2. 小组讨论/训练：引用教学视频 J17，每个团队随机挑选策略写一句，不限内容（如逛街、游玩、约会、学习中的感受），上台分享；每组派一个代表上台来讲解自己的创意，老师和其他小组共同给予评分（PPT 1 页）（10min） 3. 小组分享或个人发言，师生互动，教师点评，给过程分（10min） 4. 内容教学：引用微课视频 K8，营销策略如何获得创意支撑（PPT 1 页）
	4. 作业安排（5min）	1. 作业说明：引用教学视频 J18，（PPT 1 页，作业按具体要求），请以小组为单位提交"章丘铁锅"的营销策划方案，工作过程计划 Z6PPT 作业及视频作业 2. 下次课程内容：引用案例视频 A9，赶集网还是赶驴网；Z5 思考性作业，广告策划需要注意研究什么
5. 广告策划	1. 课程回顾（20min）	1. 作业分享与分析：教师通过平台对各小组进行作业展示并就作业内容进行背景分析（5min） 2. 任务成果展示：随机抽取 2~3 小组进行作业汇报（10min） 3. 基于作业内容和任务的引申思考：引用教学视频 J19，点评如营销策划活动是如何开展的（PPT 1~2 页）（5min）
	2. 教学点一（35min）	1. 情景建构：引用案例视频 A10，章丘大葱广告策划创意（2min） 2. 小组讨论/训练：教学视频 J20，课堂训练任务要求：广告创意主要内容应该包括确定产品定位、广告目标、广告主题、广告主旨、广告策略及设计稿等及小组如何开展策划活动。每个小组派代表上讲台来讲解自己的创意，老师和其他小组共同给予评分。老师的评分成绩占50%，其他小组的评分占50%（15min） 3. 小组分享或个人发言，师生互动，教师点评，给过程分（13min） 4. 内容教学：引用微课视频 K9，广告策划创意内涵及流程，应该如何进行策划（PPT 3 页）（5min）

教学单元	教学模块	教学环节、内容与教学设计
5. 广告策划	3. 教学点二（30min）	1. 情景建构：引用案例视频 A11，大葱市场环境分析（5min） 2. 小组讨论/训练：引用教学视频 J21，每个团队通过对市场环境进行分析之后对本小组广告策划创意的修改，每组派一个代表上讲台来讲解自己的创意，老师和其他小组共同给予评分（PPT 1 页）（10min） 3. 小组分享或个人发言，师生互动，教师点评，给过程分（10min） 4. 内容教学：引用微课视频 K10，广告策划的目标策略（PPT 3 页）
	4. 作业安排（5min）	1. 作业说明：引用教学视频 J22，"章丘铁锅"广告创意（PPT 1 页，作业按具体要求），请以个人为单位提交 Z8PPT 作业及视频作业 2. 下次课程内容：引用案例视频 A12，世界那么大，为什么是白加黑；Z9 思考性作业，它在产品生产上有什么创意吗
6. 产品策划	1. 课程回顾（20min）	1. 作业分享与分析：教师通过平台对各小组进行作业展示并就作业内容进行背景分析（5min） 2. 任务成果展示：随机抽取 2~3 小组进行作业汇报（10min） 3. 基于作业内容和任务的引申思考：引用教学视频 J23，点评如营销策划活动是如何开展的（PPT 1~2 页）（5min）
	2. 教学点一（35min）	1. 情景建构：引用案例视频 A13，掌纹识别仪市场营销策划创意（2min） 2. 小组讨论/训练：教学视频 J24，以大学生城附近楼盘为例构建产品策划创意等及小组如何开展策划活动。每个小组派代表上讲台来讲解自己的创意，老师和其他小组共同给予评分。老师的评分成绩占50%，其他小组的评分占 50%。（15min） 3. 小组分享或个人发言，师生互动，教师点评，给过程分（13min） 4. 内容教学：引用微课视频 K11，产品竞争力分析、SWOT 分析等，应该如何进行策划（PPT 3 页）（5min）
	3. 教学点二（30min）	1. 情景建构：引用案例视频 A14，济南楼盘分析（5min） 2. 小组讨论/训练：引用教学视频 J25，每个团队通过对市场环境进行分析之后对本小组产品策划创意的修改，每组派一个代表上讲台来讲解自己的创意，老师和其他小组共同给予评分（PPT 1 页）（10min） 3. 小组分享或个人发言，师生互动，教师点评，给过程分（10min） 4. 内容教学：引用微课视频 K12，产品策划的目标策略（PPT 3 页）

教学单元	教学模块	教学环节、内容与教学设计
6. 产品策划	4. 作业安排（5min）	1. 作业说明：引用教学视频 J26，"章丘铁锅"产品创意（PPT 1 页，作业按具体要求）请以个人为单位提交 Z10PPT 作业及视频作业 2. 下次课程内容：引用案例视频 A15，瓜子二手车广告；Z5 思考性作业：如何进行价格营销策划活动；Z11 以小组为单位开展相关市场调研，形成调研方案
7. 价格策划	1. 课程回顾（20min）	1. 作业分享与分析：教师通过平台对各小组进行作业展示并就作业内容进行背景分析（5min） 2. 任务成果展示：随机抽取 2~3 小组进行作业汇报（10min） 3. 基于作业内容和任务的引申思考：引用教学视频 J27，企业如何开展产品策划（PPT 1~2 页）（5min）
	2. 教学点一（35min）	1. 情景建构：引用案例视频 A16，舌尖上的中国关于章丘铁锅部分（2min） 2. 小组讨论/训练：教学视频 J28，价格策划主要内容应该包括确定竞争对手分析、价格目标、价格策略及设计稿等及小组如何开展策划活动。每个小组派代表上讲台来讲解自己的创意，老师和其他小组共同给予评分。老师的评分成绩占 50%，其他小组的评分占 50%（15min） 3. 小组分享或个人发言，师生互动，教师点评，给过程分（13min） 4. 内容教学：引用微课视频 K13，价格策划内涵及流程，应该如何进行策划（PPT3 页）（5min）
	3. 教学点二（30min）	1. 情景建构：引用案例视频 A17，抖音、快手"章丘铁锅"直播视频（5min） 2. 小组讨论/训练：引用教学视频 J29，每个团队通过对对本小组价格策划创意的修改，每组派一个代表上讲台来讲解自己的创意，老师和其他小组共同给予评分（PPT 1 页）（10min） 3. 小组分享或个人发言，师生互动，教师点评，给过程分（10min） 4. 内容教学：引用微课视频 K14，价格策划的目标策略（PPT 3 页）
	4. 作业安排（5min）	1. 作业说明：引用教学视频 J30，"章丘铁锅"价格策划（PPT 1 页，作业按具体要求），请以个人为单位提交 Z4PPT 作业及视频作业 2. 下次课程内容：引用案例视频 A18，京东自建物流体系；Z5 思考性作业：如何进行京东如何进行渠道营销策划活动

教学单元	教学模块	教学环节、内容与教学设计
8. 渠道策划	1. 课程回顾（20min）	1. 作业分享与分析：教师通过平台对各小组进行作业展示并就作业内容进行背景分析（5min） 2. 任务成果展示：随机抽取2~3小组进行作业汇报（10min） 3. 基于作业内容和任务的引申思考：引用教学视频J31，企业如何开展价格策划（PPT 1~2页）（5min）
	2. 教学点一（35min）	1. 情景建构：引用案例视频A19，章丘物流视频（2min） 2. 小组讨论/训练：教学视频J31，渠道策划主要内容应该包括确定竞争对手分析、价格目标、渠道策略及设计稿等及小组如何开展策划活动。每个小组派代表上讲台来讲解自己的创意，老师和其他小组共同给予评分。老师的评分成绩占50%，其他小组的评分占50%（15min） 3. 小组分享或个人发言，师生互动，教师点评，给过程分（13min） 4. 内容教学：引用微课视频K15，价渠道策划内涵及流程，应该如何进行策划（PPT 3页）（5min）
	3. 教学点二（30min）	1. 情景建构：引用案例视频A20，物联网+物流体系发展（5min） 2. 小组讨论/训练：引用教学视频J32，每个团队通过对本小组渠道策划创意的修改，每组派一个代表上讲台来讲解自己的创意，老师和其他小组共同给予评分（PPT 1页）（10min） 3. 小组分享或个人发言，师生互动，教师点评，给过程分（10min） 4. 内容教学：引用微课视频K16，渠道策划的策略（PPT 3页）
	4. 作业安排（5min）	1. 作业说明：引用教学视频J33，"章丘铁锅"渠道策划（PPT 1页，作业按具体要求），请以小组为单位提交Z4 PPT作业及视频作业 2. 下次课程内容：引用案例视频A21，一个面膜微商高手的自白，Z5思考性作业：微商促销是一种新型电商渠道的促销手段，与传统电商渠道促销有什么不同
9. 促销策划	1. 课程回顾（20min）	1. 作业分享与分析：教师通过平台对各小组进行作业展示并就作业内容进行背景分析（5min） 2. 任务成果展示：随机抽取2~3小组进行作业汇报（10min） 3. 基于作业内容和任务的引申思考：引用教学视频J35，企业如何开展渠道策划（PPT 1~2页）（5min）

续表

教学单元	教学模块	教学环节、内容与教学设计
9. 促销策划	2. 教学点一（35min）	1. 情景建构：引用案例视频 A22，社区团购、多多买菜、淘宝买菜（2min） 2. 小组讨论/训练：教学视频 J36，促销策划主要内容应该包括确定竞争对手分析、促销目标、促销策略及设计稿等及小组如何开展策划活动。每个小组派代表上讲台来讲解自己的创意，老师和其他小组共同给予评分。老师的评分成绩占 50%，其他小组的评分占 50%（15min） 3. 小组分享或个人发言，师生互动，教师点评，给过程分（13min） 4. 内容教学：引用微课视频 K17，促销策划创意、促销策划创意的四个方面，应该如何进行策划（PPT 3 页）（5min）
	3. 教学点二（30min）	1. 情景建构：引用案例视频 A23，成功校园团购案例（5min） 2. 小组讨论/训练：引用教学视频 J37，每个团队通过对对本小组促销策划创意的修改，每组派一个代表上讲台来讲解自己的创意，老师和其他小组共同给予评分（PPT 1 页）（10min） 3. 小组分享或个人发言，师生互动，教师点评，给过程分（10min） 4. 内容教学：引用微课视频 K18，促销策划的策略（PPT 3 页）
	4. 作业安排（5min）	1. 作业说明：引用教学视频 J38，"章丘铁锅"促销策划（PPT 1 页，作业按具体要求），请以小组为单位提交 Z4 PPT 作业及视频作业 2. 下次课程内容：引用案例视频 A24，阿里巴巴品牌如何策划；Z5 思考性作业：品牌策划的核心作用是什么
10. 品牌策划	1. 课程回顾（20min）	1. 作业分享与分析：教师通过平台对各小组进行作业展示并就作业内容进行背景分析（5min） 2. 任务成果展示：随机抽取 2~3 小组进行作业汇报（10min） 3. 基于作业内容和任务的引申思考：引用教学视频 J39，企业如何开展促销策划（PPT 1~2 页）（5min）
	2. 教学点一（35min）	1. 情景建构：引用案例视频 A26，海尔品牌策划创意（2min） 2. 小组讨论/训练：教学视频 J40，请为章丘铁锅指定品牌策划，主要内容应该包括确定竞争对手分析、品牌策划目标等及小组如何开展策划活动。每个小组派代表上讲台来讲解自己的创意，老师和其他小组共同给予评分。老师的评分成绩占 50%，其他小组的评分占 50%（15min） 3. 小组分享或个人发言，师生互动，教师点评，给过程分（13min） 4. 内容教学：引用微课视频 K19，品牌策划创意的概念、作用及意义，应该如何进行策划（PPT 3 页）（5min）

教学单元	教学模块	教学环节、内容与教学设计
10. 品牌策划	3. 教学点二（30min）	1. 情景建构：引用案例视频 A27，康巴赫铁锅（5min） 2. 小组讨论/训练：引用教学视频 J41，每个团队通过对本小组章丘铁锅品牌策划创意的修改，每组派一个代表上讲台来讲解自己的创意，老师和其他小组共同给予评分（PPT 1 页）（10min） 3. 小组分享或个人发言，师生互动，教师点评，给过程分（10min） 4. 内容教学：引用微课视频 K20，品牌定位、品牌战略确定（PPT 3 页）
	4. 作业安排（5min）	1. 作业说明：引用教学视频 J42，"章丘铁锅"品牌策划（PPT 1 页，作业按具体要求），请以小组为单位提交 Z4 PPT 作业及视频作业 2. 下次课程内容：引用案例视频 A29，百年全聚德的公关策划，Z5 思考性作业：全聚德公关策划是如何创意的
11. 公关策划	1. 课程回顾（20min）	1. 作业分享与分析：教师通过平台对各小组进行作业展示并就作业内容进行背景分析（5min） 2. 任务成果展示：随机抽取 2~3 小组进行作业汇报（10min） 3. 基于作业内容和任务的引申思考：引用教学视频 J43，企业如何开展品牌策划（PPT 1~2 页）（5min）
	2. 教学点一（35min）	1. 情景建构：引用案例视频 A29，东阿阿胶区域公关策划创意（2min） 2. 小组讨论/训练：教学视频 J44，请同学们通过网络了解东阿阿胶的企业情况和市场现状，为该企业在本校所在的城市区域开展公关策划进行创意。每个小组派代表上讲台来讲解自己的创意，老师和其他小组共同给予评分。老师的评分成绩占 50%，其他小组的评分占 50%（15min） 3. 小组分享或个人发言，师生互动，教师点评，给过程分（13min） 4. 内容教学：引用微课视频 K21，公共关系的概念、公关策划创意的意义、原则，应该如何进行策划（PPT 3 页）（5min）
	3. 教学点二（30min）	1. 情景建构：引用案例视频 A30，海底捞的工作模式（5min） 2. 小组讨论/训练：引用教学视频 J45，每个团队通过对本小组东阿阿胶的公关策划创意的修改，每组派一个代表上讲台来讲解自己的创意，老师和其他小组共同给予评分（PPT 1 页）（10min） 3. 小组分享或个人发言，师生互动，教师点评，给过程分（10min） 4. 内容教学：引用微课视频 K22，公关目标、公关战略确定（PPT 3 页）
	4. 作业安排（5min）	1. 作业说明：引用教学视频 J46，"章丘铁锅"策划（PPT 1 页，作业按具体要求），请以小组为单位提交 Z4 PPT 作业及视频作业 2. 下次课程内容：引用案例视频 A31，有些人购买红酒，不是消费而是投资，Z5 思考性作业：葡萄红酒投资比黄金投资回报率更高吗

教学单元	教学模块	教学环节、内容与教学设计
12. 投资性产品策划	1. 课程回顾（20min）	1. 作业分享与分析：教师通过平台对各小组进行作业展示并就作业内容进行背景分析（5min） 2. 任务成果展示：随机抽取 2～3 小组进行作业汇报（10min） 3. 基于作业内容和任务的引申思考：引用教学视频 J47，企业如何开展非投资性产品策划（PPT 1～2 页）（5min）
	2. 教学点一（35min）	1. 情景建构：引用案例视频 A32，大学城商业街营销策划创意（2min） 2. 小组讨论/训练：教学视频 J48，通过企业调研、市场调查完成市场分析产品和市场资讯，包括招商对象分析和项目消费群分析，为项目研究定位，完成初步营销策划创意。每个小组派代表上讲台来讲解自己的创意，老师和其他小组共同给予评分。老师的评分成绩占 50%，其他小组的评分占 50%（15min） 3. 小组分享或个人发言，师生互动，教师点评，给过程分（13min） 4. 内容教学：引用微课视频 K23，投资性产品的概念、特点，应该如何进行从产品、策略进行策划创意（PPT3 页）（5min）
	3. 教学点二（30min）	1. 情景建构：引用案例视频 A33，北京王府井大街、南京珠江路等步行街视频（5min） 2. 小组讨论/训练：引用教学视频 J49，每个团队通过对本小组投资性产品策划创意的修改，每组派一个代表上讲台来讲解自己的创意，老师和其他小组共同给予评分（PPT 1 页）（10min） 3. 小组分享或个人发言，师生互动，教师点评，给过程分（10min） 4. 内容教学：引用微课视频 K24，不同投资性产品的策划创意（PPT 3 页）
	4. 作业安排（5min）	1. 作业说明：引用教学视频 J50，请为"章丘铁锅"制定投资性产品的策划（PPT 1 页，作业按具体要求），请以小组为单位提交 Z4 PPT 策划创意 2. 下次课程内容：引用案例视频 A34，娃哈哈的多元化道路，Z5 思考性作业：娃哈哈的整合营销失败在哪里
13. 整合营销策划	1. 课程回顾（20min）	1. 作业分享与分析：教师通过平台对各小组进行作业展示并就作业内容进行背景分析（5min） 2. 任务成果展示：随机抽取 2～3 小组进行作业汇报（10min） 3. 基于作业内容和任务的引申思考：引用教学视频 J51，企业如何开展投资性产品策划（PPT 1～2 页）（5min）

教学单元	教学模块	教学环节、内容与教学设计
13. 整合营销策划	2. 教学点一（35min）	1. 情景建构：引用案例视频 A52，荷兰阿姆斯特丹的教堂整合成图书馆（2min） 2. 小组讨论/训练：教学视频 J14：（1）完成图书馆的市场定位（着重需求和对手分析）、品牌战略、整合营销策略创意（品牌策略、产品策略、促销策略）；（2）在整合营销策略中对项目各要素要作出规划布局图、功能描述、传播策略等，注意可行性分析；（3）尤其注意进行投入产出分析和营销效果预测。每个小组派代表上讲台来讲解自己的创意，老师和其他小组共同给予评分。老师的评分成绩占 50%，其他小组的评分占 50%（15min） 3. 小组分享或个人发言，师生互动，教师点评，给过程分（13min） 4. 内容教学：引用微课视频 K25，整合营销策划的定义、理论，应该如何进行从产品、策略进行策划创意（PPT 3 页）（5min）
	3. 教学点二（30min）	1. 情景建构：引用案例视频 A36，北京、上海、广州等城市的图书馆视频（5min） 2. 小组讨论/训练：引用教学视频 J53，每个团队通过对本小组整合策划创意的修改，每组派一个代表上讲台来讲解自己的创意，老师和其他小组共同给予评分（PPT 1 页）（10min） 3. 小组分享或个人发言，师生互动，教师点评，给过程分（10min） 4. 内容教学：引用微课视频 K26，整合营销策划战略确定（PPT 3 页）
	4. 作业安排（5min）	1. 作业说明：引用教学视频 J54，"章丘铁锅"整合营销策略（PPT 1 页，作业按具体要求），请以小组为单位提交 Z4 PPT 策划创意 2. 下次课程内容：引用案例视频 A37，"环江香猪"创业案例，Z5 思考性作业：创业前做好什么策划能提高成功率
14. 创业营销策划	1. 课程回顾（20min）	1. 作业分享与分析：教师通过平台对各小组进行作业展示并就作业内容进行背景分析（5min） 2. 任务成果展示：随机抽取 2~3 小组进行作业汇报（10min） 3. 基于作业内容和任务的引申思考：引用教学视频 J55，企业如何开展整合营销策划（PPT 1~2 页）（5min）
	2. 教学点一（35min）	1. 情景建构：引用案例视频 A38，家乡农副产品创业策划创意（2min） 2. 小组讨论/训练：教学视频 J56，在本团队的同学家乡中选择一款大家都感兴趣的农副产品作为创业项目，然后完成以下工作：（1）市场分析和产品分析；（2）商业模式、赢利模式和融资模式设计；（3）整合营销策划；（4）经营计划和组织机构；（5）撰写《创业计划书》。每个小组派代表上讲台来讲解自己的创意，老师和其他小组共同给予评分。老师的评分成绩占 50%，其他小组的评分占 50%（15min）

教学单元	教学模块	教学环节、内容与教学设计
14. 创业营销策划	2. 教学点一（35min）	3. 小组分享或个人发言，师生互动，教师点评，给过程分（13min） 4. 内容教学：引用微课视频 K27，创业策划创意的定义、意义，应该如何进行从产品、策略进行策划创意（PPT 3 页）（5min）
	3. 教学点二（30min）	1. 情景建构：引用案例视频 A39，大明湖、千佛山宣传视频（5min） 2. 小组讨论/训练：引用教学视频 J57，每个团队通过对本小组整合策划创意的修改，每组派一个代表上讲台来讲解自己的创意，老师和其他小组共同给予评分（PPT 1 页）（10min） 3. 小组分享或个人发言，师生互动，教师点评，给过程分（10min） 4. 内容教学：引用微课视频 K28，创业策划战略确定（PPT 3 页）
	4. 作业安排（5min）	1. 作业说明：引用教学视频 J58，"章丘铁锅"整合营销策略（PPT：1 页作业具体要求）请以小组为单位提交 Z4 PPT 策划创意 2. 下次课程内容：引用案例视频 A40，学生创业项目"文动星"，J13 营销策划方案的项目与总结
15. 项目与总结（90min）	1. 课程回顾（20min）	1. 作业分享与分析：教师通过平台对各小组进行作业展示并就作业内容进行背景分析（5min） 2. 任务成果展示：随机抽取 2~3 小组进行作业汇报（10min） 3. 基于作业内容和任务的引申思考：引用教学视频 J59，大学生如何开展创业营销策划（PPT 1~2 页）（5min）
	2. 教学点一（60min）	1. 连线校外指导老师，对同学们的项目进行线上点评，并提出改进意见 2. 引用教学视频 J60，撰写营销策划方案的要求（word 文案要求、PPT 要求、视频汇报要求） 3. 小组讨论/训练：小组成员进行方案打磨 4. 案例视频：A41，参加比赛获奖项目材料展示 5. 内容教学：K29，撰写营销策划方案的步骤及注意事项
	3. 作业安排（10min）	作业说明：引用教学视频 J60，以小组为单位提交"章丘铁锅"营销策划方案（2min）及展示汇报相关要求
16. 展示与考核（教室内展会的形式，其他教师和学生共同参与，全班参与）	1. 项目汇报展示（70min）	1. 引用教学视频 J61，以小组为单位进行展示汇报 2. 引用教学视频 J62，小组互评，并通过平台展示各小组得分情况
	2. 评价（20min）	1. 校外专家点评 2. 教师总结点评、并对表现优异同学进行表彰。

第六章　高职院校创新创业创造教育与专业教育融合的优化策略

从创新创业创造教育的发展角度而言，将其与专业教育进行有效融合，是高职院校促进内涵发展的必然选择，这不仅可以提升学校的人才培养质量，使学生具备良好的创新意识与实践创新能力，还能增强学校专业教育发展的内生动力，使其向更高质量发展。高职院校创新创业创造教育与专业教育的融合势必会经历一个长期发展的过程，其中包括课程、理念、师资、教学等重要影响因素。学校、政府、企业三大主体都应参与其中，协作配合，共同解决我国高职院校创新创业创造教育与专业教育融合过程中遇到的问题。

一、加强顶层设计，促进认知融合

创新创业创造教育与专业教育的融合首先应是认知上的融合。[34]一方面，政府是创新创业政策的制定者和引导者，应根据社会经济发展的方向和步伐，制定出方针政策，由职能部门根据地方实际情况进行落实和实施。政府作为社会资源的掌控者和创新创业创造环境的创设者，应制定有利于大学生创新创业的激励政策，提供创业资金保障，减少创业风险，营造创业文化环境等。通过制度引导、资金支持等方式促进创新创业创造教育更好地开展，调动行业企业与社会参与大学生创新创业创造、协同育人的积极性；同时也能让师生更加了解、更加重视创新创业创造教育。

另一方面，学校要深刻认识到创新创业创造教育是专业教育向前发展的必然环节，而专业教育是创新创业教育的重要载体，专业教育如果与创新创业创造教育完全脱离，最终就会与社会发展相脱节，就满足不了社会对创新型人才的需求。因此，从学校顶层设计上，就要体现出创新创业创造教育与专业教育的融合关系，从人才培养目标到每一门课程的实施过程，都要贯穿"专创融合"的理念，让这种认知由上至下进行深度贯彻。并且，这种认知的融合要在广度上从学生到所有教师全面覆盖，不能只是面向学校管理者和创新创业学院的老师，因为真正实施专创融合教育的是工作在教学一线的教师。要让所有岗位的教师深刻理解创新创业创造教育与专业教育在本质上都是为了培养创新型人才，这种培养应渗透于课程内容的设计、教学环节的开展，以及课程考核方法当中。要让学生敢于发现问题，勇于探索，要让学生拥有去挑战、去尝试的机会。在人才培养方案中加入创新创业创造教育内容，以制度保障专创融合的顺利开展，为学生提供更多动手实践的机会，是实现以实践为导向的人才培养模式的基础。

二、建设创新性融合课程体系

课程是学校教育的核心部分，在创新创业创造教育与专业教育融合这一系统工程中，应高度重视课程建设，将课程体系建设作为两者融合的重要支撑。高等职业教育旨在培养高层次的技能型、创新型人才，这就决定了高职院校建设融合性课程体系的实用性与多样性。

（一）课程目标相对接

创新创业创造教育与专业教育融合不是在专业课程里面简单加入创新创业创造内容，也不是在创业课程里面体现部分专业的内容，而是要做到真正的有机融合。创新创业创造教育与人才培养息息相关，高职院校应将创新创业教育的目标进行细化分解，结合各个专业的实际运用情况，将其与各专业人才培养目标进行衔接。[35]高职院校要对现有课程体系进行重构融合，首先在从课程目标上进行融合，再到教学内容、授课方式、考核方式等方面进行彻底的融合。在专业课程培养目标中体现对创新精神和创业意识的培养，根据每节课的课程内容，寻找创新点，不断更新课堂教学内容，让学生尝试新的思维方式，以达到课程与创新创业教育深度融合的目标。

（二）充分挖掘专业课程中的创新创业创造教育资源

课程内容的质量很大程度上决定了教学的质量，将专业课程教学作为两者融合的重要载体，能够使创新创业创造教育与专业教育更紧密结合。因此，既要基于专业知识挖掘与创新创业创造教育的相关因素，也应在专业课程教学中有机加入创新创业创造教育元素，使创新创业创造教育的相关内容渗透于专业课程的教学内容中，让学生在潜移默化中提升创新意识。一方面，学校应鼓励教师关注专业与行业的最新发展成果与趋势，鼓励教师基于专业教学的进行内容创新，把学术前沿发展、最新研究成果、技术创新、方法创新、工艺流程创新等创新元素和创新实践经验融入课堂教学，以及职业技能竞赛项目、大学生创新创业训练计划项目、企业创新创业项目等内容以项目（任务、案例）为载体在课堂教学中呈现，让专业课程内容得到不断丰富；另一方面，不同学院之间可展开交流与讨论，进行跨专业交流，以优势专业带动其他专业创新；遴选优势专业的示范课程，加强与不同学科之间的学习，使教学内容更具创新性与实用性，从而提高学生的学习兴趣，培养学生的创新创业创造意识，让更多的学生能够积极思考和创新。

（三）改革教学方法及考核方式

改善传统教学方式，对教学方法以及教学模式加以创新。创新创业创造课程大多是实践性较强且具有较强创新性的课程内容，因此，在教学过程中，需要摒弃传统填鸭式教学方式，利用多种教学方法以及教学模式，为学生提供更为多元化的学习模式。不仅要结合学生自身对创新创业创造的认知程度来进行教学方法的改进，还应当运用实验方式、问题方式等形式，提升学生学习积极性，使学生真正融入创新创业创造课程中来。要把传统的讲授方式转化为活泼的互动场景，面向实践，强调参与。在专业课程中应注重项目化教学，通过真实情境的创设，启发学生进行思考，让学生主动发现问题，解决问题。课后有研究性学习任务，融做学教创于一体，培养学生的批判性、创造性思维，激发学生创新创业创造灵感。以学生为中心进行教学设计，以"师傅带徒"方式指导学生参与创新创业实践，培养学生在专业领域的创新精神、创业意识、创新创业创造能力。

在课程考核上，要从知识倾向转变为能力倾向，考核的方式也不应只是一次测试，可以是长期持续的考核方式。[36]要强化对学生学习体验的关注，多设置开放性任务进行考核，注重对学生的思考能力与创新能力测评。课程考核时，加入对运用知识分析解决问题能力和创新创业创造能力的考核元素，建立多元化学习评价体系，运用校内信息化教学平台，如"云课堂"，积极探索"线上"和"线下"相结合的考核评价模式，对学生的日常课堂表现有更直观与清晰的判断，同时也能增强学生的课堂参与度，提升学生课堂学习效率。探索建立非标准答案形式的课程考核方法，鼓励学生开展创新创业创造实践，并将实践成果作为课程成绩的重要依据。

三、加大教师培养力度，建设优质融合型师资队伍

（一）提升教师队伍创新创业创造能力

高职院校专业教师具备较好的课堂教学能力与专业实践能力，但创新创业创造教育是面向真实需求的教育，这就要求专业教师具备更高的教学能力。高职院校的专业教师要积累创新创业创造实践经验，积极参与校内外创新创业创造实践活动或培训，丰富创新创业创造理论知识，从而不断提高三创教育教学能力。在校内，学校教务部门积极引导，各二级学院或系部加强交流与学习，可组织不同专业教师进行校内培训或交流，能够更加突出专业的针对性，通过实际的教学过程总结经验，改进教学方式与考核方式，以优势专业带动其他专业教师教学能力提升。专业教师也应积极进行研究和交流或者到专门的企业进行亲身学习，总结和制定出更科学高效的教学方案，并在教学实践中不断摸索，从而提升自身的教学能力。在校外，学校选派有一定创新创业创造素养的专业教师进行创新创业创造专题培训进修，也可以组织教师到创新创业创造教育和专业教育融合较好的学校进行学习，与不同院校教师交流教学经验，学习和了解最新的教学成果，并将之融合到适合学生发展的教学模式之中，教师在此过程中思想观念和教学方式与时俱进，自身综合素质也得到提高。

（二）优化师资结构，丰富教师队伍

高职院校应加强与企业的主动沟通，建立企业与学校良好的合作关系，可在区域行业企业中聘请有创新创业创造经历经验的优秀技术人员担任校内创新创业创造教育的兼职教师，并对兼职教师进行必要的培训，增强其教育教学能力，加快融合与构建专职和兼职结合的创新创业创造教师队伍，为两者融合提供可靠保障。另外，高职院校可邀请专业人士定期开展行业最新动态和专门的创新创业创造讲座，通过创新创业创造教育的示范课堂教学或学术理论研讨，加强校内外创新创业创造教育师资的经验交流与探讨，提高教师的创新创业创造教育教学实践能力，促进创新创业创造教育与专业教学体系更有效结合。

（三）积极创造教师实践机会

首先，学校给教师提供更多的创新创业创造实践机会与时间。教师想要拥有更多创新创业创造实践经验，就需要投入大量的精力和时间。高职院校应给予教师参与实践的机会与时间，保证教师完成教学任务后，可以获得机会从事创新创业创造的相关实践，不仅能够提升教师实践能力，也能够降低教师工作压力，促进创新创业创造实践的顺利实施。

其次，制定有效的教师创新创业创造能力评估机制。根据专业以及创新创业创造教育需求制定出相应的评估指标，同时将评估机制和教师职称考评工作相结合，不断提升教师工作积极性。但是在开展评估和考评过程中，也应当根据学校自身要求制定相应的指标，以达到教师心理需求。此外，高职院校应当为开展创新创业创造实践工作的教师提供奖励机制。对于校内教师在开展创新创业创造实践工作中取得的各种成果给予一定的奖励，不仅要包含物质奖励，还可以是各种精神奖励，提升教师实践工作的积极性。

四、搭建共享型实践平台，促进实践活动高质量发展

（一）建设完善的校内外实习实训基地

高职院校应基于学校的专业建设情况创建"创新创业创造与专业实习实践基地"，实现创新创业创造教育与专业实习实践资源共享，推进专业教育与创新创业创造教育融合。学校要积极争取多方支持，整合有利资源，最大限度为学生的校内外实习实训和创业实践提供硬件支持，从多个方面开展实践教学和创新创业创造教学。在建设实践平台过程中，要统筹安排创新创业学院与二级学院的关系，在建设经费上合理划拨，充分利用资源，给二级学院一定的自主权，提升实践平台的专业性。

（二）以企业资源为依托，以校企合作为平台实施创新创业创造教育

在校企合作不断深化的阶段，高职院校应与合作企业相互协调，在合作探索中提升资源利用效率，以企业资源为依托，借助校企合作的平台大力推进校外创新创业创造教育实践基地的建设。高职院校一方面以专业认知与创新实践结合为路径开展课外实践，促进学生创新创业创造能力与专业能力的协同发展；另一方面，还可以结合企业的实际工作环境开展专业实训实践活动，鼓励学生将第一课

堂所学的理论知识延伸到实践实训中，进行深入学习与实践。另外，高职院校与企业展开合作时，可以积极引进企业优秀技术人员，将其聘任为学校兼职教师，加强校外实践基地与专业教学团队之间的交流，实现校内外人员、技术经验的共享，及时发现教学的难点与弱点，并有针对性地进行改善，从而提升校内教师教学质量，推动专业教学活动与创新创业创造教育活动更紧密结合。

（三）积极有序地组织学生参与多方面的创新创业创造实践活动

高职院校应组织学生深入参与校内外各类创新创业创造实践活动，二级学院与创新创业创学院协同开展与配合，有效分配学生的实训场所和实训内容，提升实践活动的专业针对性，既能避免学生在实际训练中浪费时间，又有利于激发学生的创新创业创造意识。高职院校可以牵头组织在全校范围内开展常态化的创新创业创造实践活动，如创新创业设计、创业活动路演、创新创业类大赛等专题活动。各学院积极响应配合与落实，鼓励各专业学生积极参加，从学生自主报名到校内选拔，安排专业教师进行指导，同时可将学生参与创新创业创造实践或竞赛情况纳入学生的实践教学管理，在各类实践活动中培养学生的创新创业创造意识、技能和能力。

参考文献

［1］刘志阳．最大限度释放全社会创新创业创造动能．https：//www．chi-nathinktanks．org．cn/content/detail？id＝rprot779．

［2］杨欣．创新创业教育与广告学专业教育深度融合的重要性与方法 ［J］．视听，2016（6）：191-192．

［3］［德］马克思．1844 年经济学哲学手稿 ［M］．中共中央马克思恩格斯列宁斯大林著作编译局编译，北京：人民出版社，2000：81．

［4］http：//baikehttp：//paper．people．com．cn/rmlt/html/2011-12/1 l/content_991210．htm？div＝-lurl＝babMljH-pj5ByxITgAxgpWR8SHCi09ngXJ4iQhkM6e4vdIxVMCGcesEAgg93P．

［5］周光迅．哲学视野中的高等教育 ［M］．青岛：中国海洋大学出版社，2006：168．

［6］中共中央编译局．马克思恩格斯全集：第 23 卷 ［M］．北京：人民出版社，1998：534．

［7］李志义．创新创业教育之我见 ［J］．中国大学教学，2014（4）：5-7．

［8］宋淑瑾．人的全面发展理论与创新教育的关系探析 ［J］．理论观察，2013（2）：109-110．

［9］赵海霞．高职院校创新创业教育与专业教育有效融合路径研究 ［J］．现代职业教育，2017（10）：30-34．

［10］康凯．对高等教育专业教育理念的思考 ［J］．国家教育行政学院学报，2016（5）：9-13．

［11］姚建东．高校创业教育师资队伍建设的研究和实践 ［J］．社科纵横，2010（9）：145-146．

［12］李朝阳．创业教育、思想政治教育和专业教育融合的实践探究 ［J］．创新与创业教育，2018（4）：54-58．

［13］潘玉进．建构主义理论在教育上的启示［J］．东北师大学报（哲学社会科学），2000（4）：91-93.

［14］高文．建构主义研究的哲学与心理学基础［J］．全球教育展望，2001（3）：3-9.

［15］马克思，恩格斯．马克思恩格斯全集：第十六卷［M］．北京：人民出版社，1965：218.

［16］Careeronestop. Entrepreneurship Competency Model［EB/OL］. http：//www. careeronestop. org/ competency model/pyramid. aspx？entre＝y，2012-11-27.

［17］许婧．美国创业教育课程观略：百森商学院的个案分析［J］．高等职业教育，2010（2）：67.

［18］Burton R. Clark. The Higher Education System：Academy Organization in Cross-National Perspective. Berkeley，Los Angeles，London：University of California Press，1983：140-179.

［19］钱民辉．政府·市场·大学：谁决定大学教育的主流话语［J］．北京大学学报（哲学社会科学版），2015（9）：128-135.

［20］张卫国．三螺旋理论下欧洲创业型大学的组织转型及其启示［J］．外国教育研究，2010（3）：53-58.

［21］亨利·埃茨科维兹．三螺旋—大学·产业·政府三元一体的创新战略［M］．周春彦，译．北京：东方出版社，2005.

［22］Loet Leydesdorff. The Triple Helix of University-Industry-Government Relation［J］．Journal of The American Society for Information Science and Technology，2012（2）：2317-2325.

［23］亨利埃茨科维兹，周春彦．区域创新发动者：不同三螺旋模式下的创业刑大学［C］．第6届国际三螺旋会议，2007（5）.

［24］Etzkowitz H，Leydesdorff L. The Endless Transi-tion：A "Triple Helix" of University-Industry-Government Relations［J］．A Review of Science，Learning & Policy，1998，36（3）：203-208.

［25］约瑟夫·熊彼特．经济发展理论［M］．北京：北京出版社，2008（9）：38.

［26］同［25］。

［27］黄兆信，王志强，刘婵娟．地方高校创业教育转型发展之维［J］．教育研究，2015（2）：59-66，157.

［28］素质教育的概念、内涵及相关理论课题组．素质教育的概念、内涵及相关理论［J］．教育研究，2006（2）：3-6.

［29］同［28］。

［30］鲁亚平．生物教学论［M］．芜湖：安徽师范大学出版社，2014.

［31］Timmons J A, Spinelli S. New Venture Creation：Entrepreneurship for the21stCentury, London：McGraw-Hill，2003.

［32］黄兆信，曾尔雷，施永川．高校创业教育的重心转变：以温州大学为例［J］．教育研究，2011（10）.

［33］孙珂．21世纪英国大学的创业教育［J］．比较教育研究，2010（7）.

［34］宋楠楠．创新创业教育与专业教育的深度融合［J］．教育教学论坛，2018（40）：34.

［35］林玲婷．X职业学院创新创业教育课程体系优化研究［D］．福州：福建师范大学，2018：37.

［36］张红．高职院校"双创"教育现状及对策研究［D］．石家庄：河北师范大学，2019：38.